THÈSE

POUR LE DOCTORAT

PAR

F. CHOMETTE, Avocat.

DROIT ROMAIN :
DES FIDÉJUSSEURS

DROIT FRANÇAIS :
DES EFFETS DU CAUTIONNEMENT

PARIS

IMPRIMERIE DE E. DONNAUD

9, RUE CASSETTE, 9

—

1863

THÈSE

POUR

LE DOCTORAT

L'ACTE PUBLIC SUR LES MATIÈRES CI-APRÈS SERA SOUTENU
EN PRÉSENCE DE M. L'INSPECTEUR GÉNÉRAL **GIRAUD**.
le 11 août, à huit heures 1/2.

PAR

F. CHOMETTE, AVOCAT,

né à Clermont-Ferrand (Puy-de-Dôme.)

DROIT ROMAIN :

DES FIDÉJUSSEURS.

DROIT FRANÇAIS :

DES EFFETS DU CAUTIONNEMENT

Le candidat répondra en outre aux questions qui lui seront adressées
sur les autres matières de l'enseignement.

PRÉSIDENT : **M. VUATRIN,**

SUFFRAGANTS

MM. VALETTE,
MACHELARD,
Professeurs.
BUFNOIR,
LABBÉ,
Suppléants.

PARIS

IMPRIMERIE DE E. DONNAUD,

9, RUE CASSETTE, 9

1863

A MON PÈRE

A MA MÈRE

A MA FAMILLE

A MES AMIS

DROIT ROMAIN

DES FIDÉJUSSEURS.

En droit Romain, comme chez nous, il arrivait souvent qu'un créancier ne se contentait pas des garanties que présentait son débiteur. Il pouvait alors, afin de se mettre à l'abri du danger résultant soit de l'insolvabilité, soit de l'incapacité de celui-ci, soit de la nature imparfaite de l'obligation, se faire donner des sûretés accessoires. Parmi ces sûretés, une des plus usuelles consistait dans l'adjonction au débiteur de certaines personnes qui s'obligeaient accessoirement. C'était là ce qu'on appelait l'*adpromissio*.

L'*adpromissio*, par laquelle une personne s'engageait *verbis* accessoirement à un débiteur principal, n'était elle-même qu'une espèce d'*intercessio*.

Qu'entendait-on en droit Romain par ces expressions : *Intercedere pro aliquo?* C'était, proprement, intervenir, dans l'affaire d'autrui, en engageant soi ou sa chose, sans y avoir d'intérêt personnel. Les principaux cas d'*intercessio* étaient au nombre de cinq :

1° L'*adpromissio*. Une personne intervenait qui s'obligeait *verbis* à la même chose que le débiteur principal ; *adpromissores..... id est, qui idem promittunt.* (L. 5 § 2, *De verb. oblig.*, *Dig.*)

2° L'*expromissio*. Ici, il y a un nouveau débiteur et l'ancien est libéré. L'*expromissor* vient trouver le créancier d'un tiers et lui dit : « Prenez-moi pour débiteur au lieu et place du débiteur actuel. » Ce n'est autre chose qu'une novation par changement de débiteur. (§ 3, *quibus modis obl. tot.*, *Inst.*)

3° Le *mandatum pecuniæ credendæ*. Je donne mandat à quelqu'un de faire un *mutuum* à un tiers ; si ce mandat est exécuté, le préteur aura deux débiteurs au lieu d'un, l'emprunteur par suite du *mutuum*, et moi par suite du mandat que je lui ai donné. (§ 6, *De mandato*, *Inst.*)

4° Le *constitut*. C'est un simple pacte qui produit exceptionnellement une action prétorienne, et par lequel une personne promet au créancier d'un tiers de lui payer tel jour ce qui lui est dû. (§ 9, *De actionibus*, *Inst.*) Le pacte de constitut pourrait être fait par le débiteur lui-même ; mais alors ce ne serait plus un cas d'*intercessio*.

5° Le cinquième et dernier cas est celui où une personne engage ou hypothèque sa chose pour sûreté de la dette d'autrui.

L'intérêt que présentait cette question de savoir, s'il y avait ou non *intercessio*, était très-considérable et surtout très-pratique. Dans notre droit quiconque est capable de contracter peut s'engager valablement comme caution, éteindre la dette d'un tiers en s'obligeant soi-même, ou la garantir par une hypothèque constituée sur son propre immeuble. Il n'en était pas de même à Rome. Les femmes, quoique capables en principe de s'obliger, ne pouvaient, aux termes du sénatus-consulte velléien, intercéder pour autrui ; tout acte d'*intercessio*, même pour leur propre mari, leur était interdit formellement. Le senatus-cousulte avait eu pour but de les protéger contre leur inexpérience. Mais il faut se garder d'en exagérer la portée. Une femme ne pouvait se porter ni *adpromissor*, ni *expromissor*, ni *mandator pecuniæ credendæ;* elle ne pouvait pas non plus au profit d'un tiers engager sa chose ni faire un pacte de constitut : de pareils actes eussent été nuls. Mais la prohibition ne s'appliquait pas au cas de paiement et la femme pouvait valablement payer la dette d'un tiers. La raison en est qu'ici, le désaisissement étant immédiat, il n'est guère à craindre qu'elle se fasse illusion. Au contraire, si on lui avait permis de s'obliger, elle aurait pu ignorer les conséquences de son engagement et se figurer qu'elle ne se compromettait point. Il était donc raisonnable de la protéger dans ce cas et d'annuler un acte qui aurait pu avoir pour elle des résultats d'autant plus désastreux qu'ils eussent été la plupart du temps imprévus. C'est cette même idée qui, à côté de la faculté accordée au mari d'aliéner le fonds dotal avec le consentement de la femme, avait fait établir l'interdiction absolue de l'hypothéquer même avec son consentement.

Il est encore à un autre point de vue important de savoir s'il y a *intercessio*. Lorsqu'un esclave, à qui son maître a confié un pécule s'oblige à l'occasion de ce pécule *ex contractu* ou *quasi ex contractu* envers des tiers, ceux-ci peuvent par l'action *de peculio* poursuivre le maître jusqu'à concurrence du pécule de l'esclave. Cette action leur est refusée si l'acte conclu avec eux par l'esclave est une *intercessio*. Le maître n'est alors nullement obligé, pas même jusqu'à concurrence du pécule. (L. 3, § 9, *De peculio*.)

Ces notions sur l'*intercessio* étaient indispensables pour faire bien comprendre certains points relatifs à l'*ad-promissio* dont nous avons spécialement à nous occuper.

Il faut avant tout soigneusement distinguer ces obligés accessoires qu'on appelle *adpromissores*, de certains obligés principaux qui souvent, comme les premiers n'interviennent que pour augmenter les sûretés du créancier. Autre chose, en effet, est un fidéjusseur; autre chose est un *correus promittendi*. Dans leurs rapports avec le créancier les différences qui les séparent sont nombreuses, et, pour n'en citer qu'une seule, le débiteur solidaire poursuivi pour le tout ne peut pas, comme le fidéjusseur, invoquer le bénéfice d'Adrien et demander la division de la dette, entre tous les débiteurs solvables au moment de la *litis contestatio*. Au reste dans les deux cas la *litis con-testatio* contre l'un des obligés libère les autres, mais cet effet extinctif n'existe plus sous Justinien qui l'a supprimé tant pour les *correi* que pour les fidéjusseurs.

Dans l'ancien droit, on trouve trois espèces d'*ad-promissores*. Gaius les énumère dans son § 115 (Com. III). Souvent, dit-il, lorsqu'un homme s'oblige principalement, d'autres garantissent sa dette, et ce sont ou des *sponsores*, ou des *fidepromissores*, ou des *fide-jussores*. Dans le droit de Justinien, les deux premières espèces ont disparu ; il ne reste plus que des fidéjusseurs. (pp^{um}, *De fidejussoribus*, Inst.)

L'*adpromissio*, avons-nous dit, se forme toujours *verbis*, et c'est précisément d'après les paroles employées dans le contrat qu'on reconnaît s'il a été donné un *sponsor*, ou un *fidepromissor*, ou un *fidejussor*. Le *sponsor*, seul connu à l'origine, était interrogé en ces termes: *Idem dari spondes?* C'était la formule civile exclusivement réservée aux citoyens romains. Pour rendre l'*adpromissio* accessible aux pérégrins, il fallut, dans la rigueur des principes, imaginer une nouvelle formule: *Idem fidepromittis?* qui donna naissances aux *fidepromissores*. Ces premières classes se confondent entièrement: sauf certains avantages particuliers aux *sponsores*; seules employées dans les premiers temps, elles tombèrent peu à peu en désuétude, et nous verrons que ce résultat eut pour cause l'insuffisance de garantie qu'elles offraient aux créanciers.

Une troisième forme s'introduisit, qui consistait en cette interrogation: *Idem fide tua esse jubes?* De là les fidejusseurs. Les Institutes au § 7, *De fidej.*, et Ulpien dans la loi 8 de notre titre, au Digeste, nous apprennent en outre que le fidéjusseur pouvait être interrogé en grec, et indiquent les expressions qu'on pouvait employer. Si, au lieu des paroles précédentes, on en avait dans l'interrogation prononcé d'autres, par exemple: *Idem dabis, idem promittis, idem facies?* Les jurisconsultes discutaient sur le nom à donner à l'*adpromissor*. Gaius, dans son § 116 (C. III), pose la question sans la résoudre, ou plutôt nous n'avons pas le passage où se trouvait la solution qu'il annonce.

Il est à remarquer que les *sponsores* et les *fidepromissores*, qui, ainsi que nous le verrons diffèrent à
tant d'égards des fidéjusseurs, offrent une frappante
analogie avec les *adstipulatores* ou créanciers accessoires, lesquels stipulaient la même chose du même
débiteur, soit pour tourner la prohibition d'agir par
procureur, soit pour donner effet à une stipulation
qui sans cela resterait inutile (Ex. : la stipulation
post mortem suam, — G. § 117). Nous indiquerons les
nombreux points de contact de ces deux institutions
parallèles à mesure que nous lés rencontrerons en
étudiant les caractères principaux de la *sponsio* et
de la *fidepromissio* d'une part, et de la fidéjussion de
l'autre.

Il est impossible de séparer complétement dans
notre travail la *fidejussio*, qui doit faire le principal
objet de nos développements, des deux autres modes
d'*adpromissio* usités dans l'ancien droit ; nous serons
forcé souvent de les faire marcher côte à côte, sauf
à les distinguer soigneusement.

Nous diviserons notre matière en cinq chapitres :

Dans le premier nous rechercherons à quelle sobli-
gations peut accéder un fidéjusseur et à quel moment
il peut intervenir.

Dans un second chapitre nous nous occuperons
de l'étendue de la fidéjussion et de sa durée.

Le troisième sera consacré aux bénéfices accordés
aux différents *adpromissores*.

Dans le quatrième nous traiterons du recours du
fidéjusseur contre le débiteur principal.

Enfin dans un cinquième et dernier chapitre

nous étudierons les divers modes d'extinction de la fidéjussion.

CHAPITRE PREMIER.

A QUELLE OBLIGATION PEUT ACCÉDER UN FIDÉJUSSEUR, ET A QUEL MOMENT PEUT-IL INTERVENIR?

§ 1ᵉʳ. — *A quelle obligation peut-il accéder ?*

Les fidéjusseurs peuvent accéder à toute espèce d'obligations, sans distinguer de quelle manière elles ont pris naissance. Il n'est pas nécessaire de savoir si elles ont été contractées *re, verbis, litteris* ou *consensu;* peu importe même que l'obligation soit née *ex delicto* ou *quasi ex delicto.*

Nous trouvons cependant dans le dernier état du droit une certaine obligation qui ne peut être cautionnée. Cette exception unique résulte d'une constitution des empereurs Gratien, Valentinien et Théodose. (L. 1ᵉʳ *Ne fidej... etc. Code.*) Cette constitution défend à la femme dotée, qui peut avoir à réclamer sa dot à la dissolution du mariage, de se faire donner par son mari un fidéjusseur pour cette restitution. La femme doit avoir confiance en son mari, et il sera t mal à elle d'exiger d'autres sûretés que la bonne foi de son débiteur. Mais, en dehors de ce cas, la fidéjussion peut s'appliquer à toute espèce d'obligations.

La *sponsio* et la *fidepromissio* étaient loin d'avoir une application aussi étendue. Pour qu'elles fussent

valablement contractées, l'obligation qu'elles garantissaient devait être une obligation verbale : *Nullis
obligationibus accedere possunt,* dit Gaius, *nisi verborum.* Et en cela les *sponsores* et les *fidepromissores*
ressemblaient à l'*adstipulator* qui, comme eux, ne
pouvait s'adjoindre qu'à une obligation *verbis.* C'é-
tait là une conséquence du rigorisme des jurisconsultes romains.

A un autre point de vue, on pouvait dire encore
que toute obligation était susceptible d'être garantie
par un fidéjusseur. Il y avait, en effet, des obligations
civiles et des obligations naturelles, celles-ci produi-
saient certains effets civils, mais il leur manquait le
principal, c'est-à-dire le droit pour le créancier de
poursuivre en justice l'exécution de l'engagement
contracté à son profit. Aucune différence n'existe entre elles quand il s'agit d'adjoindre un fidéjusseur au
débiteur principal; les unes et les autres s'y prêtent
également : *at ne illud quidem interest utrum civilis
an naturalis sit obligatio cui adjiciatur fidejussor...*
dit notre § 1er aux Institutes. Ainsi, ajoute-t-on, lorsqu'un esclave s'oblige soit envers un étranger, soit
envers son maître, le créancier peut recevoir un fidéjusseur pour sûreté de ce que lui doit naturellement
l'esclave.

Une obligation naturelle suffit donc pour servir de
base à une fidéjussion. Mais il faut de toute nécessité
que l'obligation soit valable au moins comme obligation naturelle; si elle était complétement nulle, la
fidéjussion ne saurait exister. Certains auteurs ont
cru trouver dans la loi 6, *De verb. oblig. Dig.* une

application de cette règle. Ulpien dans cette loi s'occupe de la capacité de l'interdit et du *furiosus*. Ces
personnes, de même que le pupille contractant *sine
tutoris auctoritate* peuvent faire leur condition meilleure mais non la rendre pire. Mais faut-il décider
que leur obligation est-complétement nulle? Nous
pensons avec notre savant professeur M. Machelard
qu'on doit répondre négativement. D'abord quant
au prodigue interdit, il y aurait contradiction à le
déclarer incapable de s'obliger même naturellement,
tandis qu'on accorde cette capacité au pupille. A l'é-
gard du *furiosus*, la possibilité d'une obligation valable n'est pas aussi facile à admettre ; cependant, si
l'on songe que le *furiosus* est celui dont les facultés
intellectuelles sont, il est vrai, troublées, mais qui a
des retours de raison plus ou moins prolongés ; on
comprendra que pendant ces intervalles lucides il
puisse valablement s'obliger. Il suit de là que la fidéjussion intervenant pour garantir l'obligation d'un
interdit ou d'un *furiosus* devrait être validée. Cette
décision, qui semble être rejetée par notre loi 6, est
formellement admise dans la loi 25, *De fidej.*, où Ulpien rapporte, sans la critiquer, une opinion de Marcellus. Dans ce texte Marcellus suppose que quelqu'un s'est porté fidéjusseur pour un pupille obligé
sine tutoris auctoritate, ou un prodigue ou un *furiosus*,
et il dit : *Magis est ut ei non subveniatur, quoniam
his mandati actio non competit.* Ainsi d'un côté Ulpien d'après Marcellus valide la fidéjussion, de l'autre il la déclare nulle.

Cette difficulté a fort embarrassé les commentateurs, et une foule de conciliation ont été proposées.

Cujas (*ad leg.* 19, *De usucap.*) pense que dans cette loi 25 il s'agit d'un furiosus ou d'un prodigue *jure obligati* (l. 70, § 4, *h. tit.*), ce qui peut arriver quand leur consentement n'était pas nécessaire, par exemple au cas d'une obligation *quasi ex contractu;* et dans la dernière partie du texte il substitue *quamvis a quoniam.* Le sens serait donc celui-ci : il vaut mieux décider qu'on ne viendra pas au secours du fidéjusseur, quoique, s'il est forcé de payer, il ne puisse recourir contre le débiteur principal qui n'a pas pu donner un mandat valable. — Cette conciliation n'est pas admissible, car le fidéjusseur aura toujours contre le *furiosus* et l'interdit, sinon une action de mandat, du moins une action *negotiorum gestorum* (l. 3, § 5, *De negot. gest.*) ; dès lors la remarque de Marcellus serait tout à fait inutile.

Une autre explication a été présentée par Noodt (1), Vinnius et Glück, et c'est celle que nous croyons devoir adopter. Il ne faut pas, dans la loi 25, supposer que le *furiosus* ou l'interdit sont obligés civilement ; mais que le fidéjusseur a connu l'état d'interdiction, ou la situation d'esprit du débiteur.

Ainsi, la loi 6 s'occupe d'un fidéjusseur qui a cautionné par ignorance ; il a cru le *reus* civilement obligé parce qu'il le croyait sain d'esprit ou non interdit : Cette erreur empêche la fidéjussion de valoir. Dans la loi 25, le fidéjusseur a su qu'il cautionnait un inter-

---

(1) On peut admettre la correction que cet auteur fait subir au au texte; en transposant les mots *his* et *ei;* le dernier membre de phrase ferait alors allusion à une *actio mandati directa.*

dit un *furiosus ;* rien ne s'oppose donc à ce qu'on applique le principe d'après lequel une obligation naturelle peut être garantie par un fidéjusseur. Il est vrai qu'à l'égard du *furiosus* il ne peut pas être question d'obligation naturelle ; mais nous pensons que son engagement pouvant se trouver valable, s'il a été contracté dans un intervalle lucide, cela suffit pour servir de base à la fidéjussion ; car c'est précisément en vue de l'incertitude où l'on se trouve quant à la situation d'esprit du *reus* au moment du contrat, que le fidéjusseur est intervenu. (1)

Revenons maintenant sur l'exemple donné par le § 1er de notre titre aux Institutes. On nous dit que l'obligation de l'esclave envers son maître et par conséquent aussi celle du fils de famille envers son père peuvent être cautionnées, mais en serait-il de même de l'obligation du père envers le fils, du maître envers l'esclave? Il semble au premier abord que rien ne s'oppose dans cette nouvelle hypothèse à l'intervention du fidéjusseur, car le père et le maître sont obligés naturellement. Cependant dans ce cas la fidéjussion n'est pas possible. En effet, le créancier doit interroger le fidéjusseur ; ici le créancier c'est le fils ou l'esclave, c'est-à-dire des personnes *alieni juris :* or, quand une personne *alieni juris* stipule, la créance est acquise au père ou au maître. Ceux-ci seraient donc à la fois débiteurs principaux et créanciers du fidéjusseur. Ces deux qualités étaient évidemment incompatibles le fidé-

---

(1) V. M. Machelard, *Des obligations naturelles en Droit Romain,* p. 268 et suiv.

jusseur ne peut pas, dans ce cas, intervenir et s'obliger valablement. (L. 56, § 1, et l. 70, § 3, *h. tit. Dig.*)

De ce que la fidéjussion ne peut exister sans obligation principale, il résulte que le fidéjusseur ne sera pas tenu, si le *reus* s'est obligé sous une condition impossible (L. 29 *h. tit.*); de même si le débiteur principal a reçu en *mutuum* des pièces de monnaie qui n'appartenaient pas au *tradens*. (L. 56, § 2, *h. tit.*)

Une autre conséquence de ce même principe c'est que les exceptions qui pouvaient être opposées par le débiteur peuvent l'être également par le fidéjusseur poursuivi. Si un pacte *de non petendo in rem* est intervenu entre le débiteur principal et le créancier, le fidéjusseur pourra se prévaloir de l'exception *pacti conventi*. (Inst. § 4, *De replic.* l. IV — Dig. l. 19 *De exceptionibus.*) Mais cela n'est pas toujours vrai. Il y a, comme nous le verrons bientôt, certaines exceptions qui ne sont pas accordées au fidéjusseur : ainsi, l'exception *nisi bonis cesserit*, car c'est précisément pour ne pas avoir à supporter l'insolvabilité du *reus* que le créancier a exigé un fidéjusseur (Inst. § 4, *De replicat.*); de même encore l'exception *pacti conventi*, lorsque le fidéjusseur est intervenu *animo donandi* ou lorsque le pacte a été conçu *in personam*. (L. 32, *De pactis, Dig.*)

§ 2. — *A quel moment peut intervenir le fidéjusseur?*

Le fidéjusseur peut être interrogé avant ou après le débiteur principal. (Inst., § 3, *h. tit.*) Cela est dit du fidéjusseur par opposition au *mandator pecuniæ*

credendæ et à celui qui fait avec le créancier le pacte
de constitut : le mandat précède nécessairement
l'obligation principale, puisque c'est pour exécuter
le mandat que le créancier fait le *mutuum ;* le constitut ne peut que la suivre, car, par sa nature même,
il en suppose la préexistence.

De très-bons esprits pensent que notre § 3 aux
Institutes constitue une nouvelle différence entre les
fidéjusseurs et les *sponsores* ou *adpromissores*. Ces derniers n'auraient pu s'obliger ni avant ni après le
reus ; leur obligation aurait dû être contemporaine de
l'obligation principale. (M. *Ortolan, Expl. hist. des
Inst.* t. III. p. 227 n. 5.) A notre avis cette opinion
n'est pas fondée, et on ne saurait la concilier avec le
§ 123 de Gaius : « Le créancier, nous dit-il, qui re-
» çoit des *sponsores* ou des *fidepromissores* doit (aux
» termes d'une loi citée par Gaius, mais dont le nom
» est illisible dans le manuscrit) déclarer hautement
» et à l'avance le montant de la somme cautionnée et
» le nombre de *sponsores* et de *fidepromissores* qu'il se
» propose de recevoir (*accepturus sit*). » La fin du
§ nous apprend qu'à défaut de cette déclaration, les
sponsores ou les *fidepromissores* pouvaient dans les trente
jours demander le *præjudicium an lege prædictum sit*
et si l'on jugeait que la déclaration n'avait pas eu
lieu, ils étaient libérés. Nous sommes fondé à conclure de là qu'il n'était pas nécessaire que le *sponsor*
s'obligeât à l'instant même ; car s'il en eût été autrement, cette *prædictio* exigée eût été superflue ; il n'aurait eu qu'à écouter les différentes interrogations
successives pour connaître le nombre des obligés et

le montant de la somme. Le § 177 de Gaius, d'après lequel une novation peut avoir lieu par l'adjonction d'un *sponsor*, vient prêter à notre système un nouvel appui, soit qu'on prenne le mot *sponsor* dans son sens restreint, soit que Gaius l'ait employé *lato sensu* pour signifier toute espèce d'*adpromissor*.

CHAPITRE II.

DE LA DURÉE DE L'OBLIGATION DU FIDÉJUSSEUR ET DE SON ÉTENDUE.

§ 1ᵉʳ *De la durée de l'obligation du fidéjusseur.*

Le fidéjusseur reste tenu aussi longtemps que le débiteur principal. Les *sponsores* et les *fidepromissores* au contraire étaient libérés au bout de deux ans (*biennio liberantur*, dit Gaius, § 121). Cette libération de plein droit par l'expiration de **2** années depuis la naissance de l'obligation avait été établie par la loi Furia qu'on place par conjecture en l'an 659 de la fondation de Rome. Une seconde disposition de cette loi dont nous aurons à reparler, établissait *ipso jure* une division de la dette entre les *sponsores* et les *fidepromissores* vivants au moment de l'exigibilité de la dette.

En ce qui touche la transmissibilité de l'obligation, ces derniers étaient encore dans une position plus favorable que les fidéjusseurs. L'obligation du fidéjusseurs passe à ses héritiers ; celle du *sponsor* s'éteint avec lui ; elle est comme la créance de l'*adsti-*

pulator essentiellement personnelle. S'ils viennent à mourir, le contrat accessoire s'évanouit (G. §§ 114 et 120). Cette particularité, ce *jus singulare*, comme l'appelle Gaius, ne doit pas nous étonner : l'*adstipulator* était l'homme de confiance du stipulant principal, celui à l'aide duquel on suppléait aux insuffisances du mandat ordinaire ; cette confiance devait s'arrêter à lui. A l'égard des *sponsores* et des *fidepromissores*, nous pensons que la personnalité de leur obligation venait du parallélisme presque complet existant entre cette institution et l'*adstipulatio*, parallélisme qui entraîna les jurisconsultes romains à les mettre sur la même ligne que l'*adstipulator*. D'ailleurs on s'aperçut bientôt que cette trop grande indulgence mettait le créancier en péril ; ce fut là une des causes de la défaveur croissante des *sponsores*, et de la préférence accordée de plus en plus aux fidéjusseurs.

§ 2. — *De l'étendue de l'obligation du fidéjusseur.*

Il n'y a pas ici à distinguer entre les différents *adpromissores ;* ce que nous dirons du fidéjusseur doit également s'appliquer aux autres.

Le fidéjusseur ne peut promettre ni autre chose ni plus que le débiteur principal ; car il s'agit de fortifier le premier contrat et non d'en créer un nouveau, et, comme dit Gaius, *nec plus in accessione esse potest, quam in principali re.* Mais rien n'empêche que le fidéjusseur ne promette moins que le débiteur : promettre moins, ce n'est pas promettre autre chose. Le principe est qu'il peut se trouver *in leviorem causam,* mais non *in duriorem.*

Cette condition d'identité entre l'objet de la dette principale et celui de la fidéjussion est exprimée dans plusieurs textes. (*Inst.* § 5, *h. tit.* — *Dig.,* l. 8 § 7 *h tit.*) Elle existe aussi pour le *mandatum pecuniæ credendæ.* (L. 22, *De fid. Code.*)

Il peut arriver de plusieurs manières que l'obligation du fidéjusseur soit nulle comme contractée *in duriorem causam.* La *durior causa* peut se présenter : *quantitate, conditione vel tempore, loco, modo.* Parcourons ces différentes hypothèses.

1° *Quantitate.* — Le débiteur principal a promis cinq, et le fidéjusseur dix ; l'obligation du fidéjusseur est-elle nulle pour le tout ? Il semble raisonnable de répondre négativement et de la déclarer seulement réductible. Cependant Ulpien (l. 8, § 7, *h. tit.*) décide qu'elle est nulle pour le tout : *placuit eos omnino non obligari.* Haloander, frappé de la bizarrerie de cette décision, a proposé une correction fort ingénieuse; il place la négation avant l'adverbe *omnino;* et il traduit alors : les fidéjusseurs *ne sont pas complétement obligés,* ce qui est bien différent. Cette explication est d'autant plus plausible que, si on prenait le texte tel qu'il est, il serait en contradiction avec un autre fragment du même Ulpien. Il nous présente en effet cette solution comme commune à tous ceux qui s'obligent pour autrui (*Illud commune est in universis, qui pro aliis obligantur*); il faudrait donc l'appliquer à celui qui fait le pacte de constitut pour la dette d'un tiers, et dire que le constitut *in duriorem causam* serait nul pour le tout. Or nous voyons dans la loi 11 § 1, *De pecunia constituta, Dig.*, qu'il est valable jusqu'à concurrence du montant de l'obligation primitive. Si donc il en était autrement pour le fidéjusseur, cette loi contredirait ouvertement la loi 8 de notre titre. D'ailleurs il n'y a aucune bonne raison de repousser dans le cas de fidéjussion ce qu'on admet quand il s'agit d'un constitut.

2° *Conditione vel tempore.* — La fidéjussion est nulle lorsque le *reus* s'oblige sous condition et le fidéjusseur purement et simplement. (L. 8, § 7, *h. tit.*)

Quand le *reus* est obligé sous une condition unique, le fidéjusseur peut-il l'être sous cette même condition jointe à une autre différente? Gaius (l. 70, *h. tit.*) répond par une distinction. Les deux conditions sont-elles réunies, le fidéjusseur est obligé, car sa situation est meilleure que celle du débiteur principal : celui-ci sera tenu pourvu qu'une seule condition se réalise, le fidéjusseur ne le sera que si toutes deux s'accomplissent. Sont-elles au contraire disjointes, de telle façon que l'une puisse suppléer à l'autre, le fidéjusseur n'est pas obligé ; car l'obligation du *reus* aurait moins de chance de se réaliser que la sienne. Toutefois Gaius restreint cette dernière décision au cas où la condition particulière au fidéjusseur vient à s'accomplir la première; on pourrait tirer de là un argument pour combattre l'opinion d'Ulpien dans la loi 8, § 7, sur la nullité absolue de l'obligation du fidéjusseur quand elle dépasse les limites de l'obligation principale.

Si le *reus* et le fidéjusseur se sont obligés chacun

sous une condition différente, tout dépend de l'époque où elles se réaliseront. Le fidéjusseur sera obligé, si la condition apposée à l'obligation principale s'accomplit la première ; il ne le sera pas dans l'hypothèse inverse (L. 70, § 1, *h. tit.*) ; car, dès que la condition s'est réalisée, l'obligation dont elle suspendait l'existence est devenue pure et simple.

Ce que nous venons de dire de la condition, on peut le dire aussi du terme.

La loi 16, § 5, *h. tit.* s'occupe d'une espèce où l'on trouve un terme opposé à l'obligation du *reus* et une condition à celle de fidéjusseur, et elle donne une solution analogue à celle du texte précédent.

3° *Loco*. — Il y a *durior causa* quand, l'obligation principale étant pure et simple, le fidéjusseur s'est obligé à payer dans un lieu déterminé ; ou bien encore quand il s'est obligé à payer dans un lieu plus éloigné. (L. 16, § 1 et 2, *h. tit.*)

La désignation du lieu où l'on doit payer renferme un délai tacite, et ce délai doit profiter au fidéjusseur, sans distinguer s'il l'invoque de son chef ou du chef du *reus*. Ainsi le fidéjusseur et le *reus* se sont tous deux obligés à payer à Capoue ; le *reus* se trouvant à Capoue, le créancier ne peut pas poursuivre immédiatement le fidéjusseur, quoiqu'il puisse poursuivre le débiteur principal. Les choses se passeront donc comme si le *reus* était à Rome et le fidéjusseur à Capoue, auquel cas il n'est pas douteux que le fidéjusseur ne puisse se prévaloir du délai que le *reus* aurait pu invoquer pour avoir le temps de se rendre à Capoue. (L. 49, § 2, *h. tit.*)

4° *Modo*. — Plusieurs cas peuvent se présenter où le fidéjusseur se trouve *in duriorem causam* eu égard au mode de l'obligation.

L'existence d'un *adjectus solutionis gratia* est un avantage pour le débiteur. Le fidéjusseur ne pourra donc pas s'engager à payer au seul créancier, si la stipulation principale contient pour le *reus* la faculté de payer à un autre. (L. 34, *h. tit.*)

Un autre cas mentionné par la loi 8, §8, est celui d'une obligation alternative pour le fidéjusseur, et pure et simple pour le débiteur principal. Julien annule la fidéjussion comme contractée *in duriorem causam.* Marcellus décidait de même, mais pour un autre motif ; selon lui c'est plutôt parce qu'alors le fidéjusseur peut payer autre chose que le *reus.* Les deux systèmes aboutissent au même résultat toutes les fois que l'obligation principale est d'un corps certain ; car alors, le *reus* ayant plus de chance que le fidéjusseur d'être libéré par la perte de la chose, Julien devra décider comme Marcellus que la fidéjussion ne peut valoir. Si l'on suppose, au contraire, que le *reus* doit une somme ou un genre, comme il ne peut être libéré par la perte de la chose, il faudra dans l'opinion de Julien valider la fidéjussion qui resterait nulle d'après Marcellus.

Il y aurait encore *durior causa* dans l'hypothèse où les deux obligations étant alternatives, le choix appartiendrait pour la principale au *reus*, pour l'accessoire au créancier. (L. 8, § 9, *h. tit.*)

Remarquons en terminant ce chapitre, que le pacte de constitut est, au point de vue qui nous occupe, régi par d'autres règles que la fidéjussion. Il peut être fait *in duriorem causam* dans tous les sens que nous venons de parcourir. Il faut toutefois en excepter la *durior causa quantitate;* nous avons vu qu'alors il est réductible au montant de l'obligation principale.

CHAPITRE TROISIÈME.

DES DIVERS BÉNÉFICES ACCORDÉS AUX FIDÉJUSSEURS.

Nous parlerons d'abord de deux bénéfices qui étaient propres aux *sponsores* et aux *fidepromissores*. Nous étudierons ensuite certains bénéfices qui s'introduisirent plus tard, alors que la *fidejussio* avait déjà supplanté la *sponsio* et la *fidepromissio*.   .

§ 1er. — *Du bénéfice de la loi Apuleia.*

La loi Apuleia est un plébiscite de l'an de Rome 652 ; elle s'occupe seulement des *sponsores* et des *fidepromissores* et introduit une très-grave modification dans le droit qui les régissait à l'origine.

Lorsqu'il y avait plusieurs *sponsores*, si l'un d'eux avait payé la totalité, il ne pouvait recourir contre ses *cosponsores* pour leur faire supporter leur part dans la dette. Entre eux il n'existe aucune relation ni de mandat ni de gestion d'affaires. En s'obligeant, chacun d'eux à entendu faire l'affaire du débiteur et non celle des autres cautions.

Ce fut pour obvier au résultat logique mais peu équitable de cette absence de rapport entre les *co-*

sponsores que fut portée la loi Apuleia. Elle suppose entre eux une société et partant de là elle décide que si un seul d'entre eux a payé la totalité, il aura au moyen de l'action *pro socio* un recours contre les autres, de telle façon que chacun supporte une part virile.

Gaius qui nous donne ces détails au commencement de son § 122 ajoute que la loi Apuleia n'était pas applicable seulement en Italie ; elle l'était aussi dans les provinces.

§ 2. — Du bénéfice de la loi Furia.

A l'époque où fut portée la loi Furia les *sponsores* et les *fidepromissores* étaient tenus chacun pour le tout ; cela résultait à la fois de la nature et de la forme même de leur engagement : *Idem dari spondes, idem fidepromittis?* Il est vrai que leur obligation ne passait point à leurs héritiers ; mais quant à eux cela ne tempérait en rien la rigueur du droit. La loi Apuleia avait fait un premier pas dans une voie d'indulgence, mais seulement pour le cas où la caution avait payé le tout, avait déjà fait l'avance. La loi Furia dictée par la même idée de faveur vint encore plus efficacement à leur secours. Nous savons quelles sont les deux dispositions de cette loi ; occupons-nous uniquement de la seconde. Dans cette seconde disposition, le plébiscite établit que les *sponsores* et les *fidepromissores* ne seront pas tenus *in solidum ;* et que le créancier ne pourra demander à chacun que sa part virile. Cette division ayant lieu de plein droit doit se faire entre les *sponsores* ou *fidepromissores* vivants au moment de l'exigibilité de la dette. La part de ceux qui sont morts avant cette époque n'a pu passer à leurs héritiers; elle est donc venue s'ajouter à la masse et augmenter la part de ceux qui survivent. Si le créancier au mépris de la loi, actionnait pour le tout l'un des *cosponsores*, il encourait la déchéance par suite des principes qui régissent la plus-pétition.

Cette division de plein droit introduite par la loi Furia semble rendre inutile le recours que la loi Apuleia accorde au *sponsor* qui a payé la totalité, puisque le créancier ne peut plus demander à chacun que la part qu'il doit définitivement supporter dans la dette. Gaius (§ 122) prévoit la difficulté et nous en donne la solution. Comme la loi Furia ne s'appliquait qu'en Italie, la loi Apuleia était restée en vigueur dans les provinces où par conséquent le *sponsor* pouvait être poursuivi pour le tout, mais avait un recours contre ses *cosponsores*.

Les lois précédentes ne font aucune mention du fidéjusseur, elles ont trait seulement aux deux anciennes formes de l'*adpromissio*. La première loi qui s'occupe des fidéjusseurs est une loi Cornélia (de l'an de Rome 673) qui pose une règle commune à tous les *adpromissores;* elle défend de se porter *adpromissor* pour le même débiteur, envers le même créancier, dans la même année, pour plus de 20,000 sesterces (G. §§ 124 et 125), sauf dans certains cas particuliers comme pour garantir une dot, un legs, ou lorsque la satisdation a lieu sur l'ordre du juge. Si nous comparons les dates de ces différentes lois, nous serons

amené à conclure que l'usage de la fidéjussion s'était
introduit dans l'intervalle qui sépare la loi Furia et la
loi Cornelia, c'est-à-dire entre l'an 659 et l'an 673.

§ 5. — *Du bénéfice de division ou bénéfice d'Adrien.*

A la différence des *sponsores* et des *fidepromissores*,
les fidéjusseurs étaient tenus *in solidum* quel que fut
leur nombre. Un rescrit d'Adrien, mentionné par
Gaius (§ 121) et les Institutes (§ 4, *h. tit.*), vint chan-
ger cet état de choses. D'après ce rescrit, le créancier
peut être contraint de diviser son action entre les
cofidéjusseurs solvables au moment de la *litis contestatio.*

Il ne faut pas confondre ce bénéfice d'Adrien avec
le bénéfice de la loi Furia; ce dernier est sous deux
rapports plus onéreux pour le créancier.

D'abord quand il s'agit de plusieurs cofidéjusseurs
le créancier conserve le droit de les poursuivre chacun pour le tout, sans encourir la peine de la plus-
pétition; le fidéjusseur poursuivi pour le tout peut
bien se défendre en opposant le bénéfice d'Adrien,
mais s'il omet de l'invoquer, il devra payer le tout.
La loi Furia procède beaucoup plus énergiquement
quand il s'agit de *cosponsores* ou de *cofidepromissores.*
Entre eux la division s'opère *ipso jure,* sans qu'ils
aient besoin de l'invoquer; si le créancier demande
la totalité à l'un, il s'expose à perdre son droit, et
même, en supposant que le *sponsor* (1) ait payé plus

(1) Cette faveur n'était accordée qu'au *sponsor* seul; la *manus
injectio pro judicato* n'appartenait pas au *fidepromissor.*

que sa part, le créancier peut être contraint par corps pour sûreté de remboursement. (G. § 22 c. IV.)

Voici une seconde différence. La division ne s'opère en vertu du rescrit qu'entre les cofidéjusseurs solvables au moment de la *litis contestatio*. S'agit-il au contraire de *cosponsores* et de *cofidepromissores;* elle s'opère aux termes de la loi Furia, entre tous ceux, solvables ou non, qui sont vivants au moment de l'exigibilité de la dette. Il est donc plus avantageux au créancier d'avoir quatre fidéjusseurs que d'avoir quatre *sponsores* ou *fidepromissores*, puisque, pour les premiers, les solvables supportent la part de ceux qui ne le sont pas à l'époque de la *litis contestatio*.

Ces deux différences sont indiquées dans la loi 26 *h. tit.* au Digeste, empruntées à Gaius. Ce texte ne parle que des fidéjusseurs, mais il en parle par opposition aux *sponsores*. «Entre fidéjusseurs, dit Gaius, l'obli
» gation ne se divise pas *ipso jure*, et si l'un d'eux avant
» d'avoir payé sa part est mort ns laisser d'héritier (à
» cause du mauvais état de ses affaires), ou est devenu
» insolvable, sa portion vient grever les autres. »

Cela nous explique encore la disparition des *sponsores* et des *fidepromissores;* lors même qu'ils étaient plusieurs, le créancier pouvait se trouver en perte par suite de l'insolvabilité d'un seul. Cet inconvénient n'existait pas avec les fidéjusseurs; le créancier pouvait réclamer le tout à l'un, si tous les autres étaient insolvables.

Mais le créancier ne pouvait être forcé de diviser son action qu'entre les cofidéjusseurs d'un même débiteur et non entre ceux qui ont accédé séparément à l'obligation de chacun des *correi*. (L. 43 et l. 51, § 2, *h. tit.*)

Certaines modalités apposées à l'engagement du fidéjusseur pouvaient exercer une influence sur la division. C'est ce que nous voyons dans la loi **27**, *h. tit.*, d'Ulpien. Il suppose trois fidéjusseurs obligés, l'un purement et simplement, l'autre à terme, le troisième sous condition, et il se demande comment la division devra s'opérer. Pas de difficulté à l'égard du terme, puisqu'il ne suspend que l'exigibilité de la dette et non son existence. Mais en présence de la condition on peut éprouver de l'embarras, car il est difficile de faire entrer dans le calcul de la part virile de chacun une obligation qui n'existe pas encore et qui peut ne jamais se réaliser. Néanmoins Ulpien décide que, tant que la condition peut s'accomplir, il faut venir au secours du fidéjusseur pur et simple qui est poursuivi et le déclarer tenu seulement pour sa part virile; sauf au créancier à recourir plus tard contre lui, si la condition ne s'accomplit pas, ou si à l'époque de son accomplissement le fidéjusseur conditionnel se trouve insolvable.

La division peut encore être modifiée par l'incapacité de l'un des fidéjusseurs; tantôt on fera abstraction de l'incapable, tantôt on devra le faire entrer en ligne de compte Si le fidéjusseur incapable est une femme, Papinien décide que l'action doit être donnée pour le tout contre l'autre fidéjusseur, parce qu'il n'a pas dû ignorer la nullité de l'*intercessio*. L'incapable est-il un mineur de vingt-cinq ans, il faut distinguer : si le fidéjusseur capable est intervenu le premier, il n'a pas pu compter sur la division et elle n'aura pas lieu; si au contraire il s'est obligé en même temps que le mineur, la division aura lieu parce qu'il a pu ignorer l'âge de son cofidéjusseur ou espérer qu'il ne demanderait pas la *restitutio in integrum* (*propter incertum ætatis ac restitutionis*). Il est bien entendu que si le créancier s'était rendu coupable de dol pour décider le mineur à contracter, le fidéjusseur capable ne devrait pas en souffrir, et les conséquences de ce dol retomberaient sur son auteur. (L. 48, *h. tit.*)

Une dernière circonstance qui peut influer sur la division, c'est la solvabilité du certificateur de l'insolvable. (L. 27, § 2, *h. tit.*)

En quelle forme et à quel moment le bénéfice de division doit-il être invoqué? Quant à la forme, il faut distinguer si le créancier reconnaît ou non la solvabilité des autres cofidéjusseurs. Pour plus de clarté, prenons un exemple : Dette de 60, quatre fidéjusseurs ; le créancier s'attaque au fidéjusseur Primus et lui demande les 60. Si, sur la réclamation de Primus, le créancier reconnaît la solvabilité des trois autres, Primus demandera au magistrat que la poursuite n'ait lieu que pour 15, et c'est pour cette somme seulement que le magistrat délivrera la formule. Si le créancier prétend que Primus seul est solvable et que celui-ci soutienne qu'ils le sont tous, il faudra suivre une marche différente. Comme le préteur n'entre pas dans l'examen des faits, la question de savoir s'il y a trois autres fidéjusseurs solvables sera portée devant le juge ; à cet effet d'après les principes de la procédure formulaire, le magistrat donnera l'action pour le tout, mais en ajoutant une exception (*si non et illi solvendo sint*, 1. 28, *h. tit.*); afin que le juge soit compétent sur la question de solvabilité. Le juge aura donc deux choses à examiner ; si le demandeur est bien créancier de 60, et ensuite s'il n'y a pas trois autres fidéjusseurs solvables. Quand même il aurait reconnu la dette, il ne peut encore condamner sans avoir vérifier l'exception. Si la solvabilité n'est pas démontrée, il condamnera à 60 ; en cas contraire à 15 seulement, et le créancier devra poursuivre pour le surplus les autres fidéjusseurs.

C'est donc devant le préteur que l'on doit invoquer le bénéfice de division : après la délivrance de la formule il serait trop tard ; l'affaire aurait été déduite *in judicium* et les autres fidéjusseurs auraient été libérés : Celui qui est poursuivi devrait donc payer la totalité. Cependant la loi 10, § 1er, *Code, De fidej.* porte que le bénéfice de division peut être invoqué *ante condemnationem.* La plupart des commentateurs avaient conclu de là qu'on devait se prévaloir du bénéfice d'Adrien, non devant le préteur, mais devant le juge. Aujourd'hui l'on connaît le véritable sens de cette expression *condemnatio*; c'est non pas la sentence, mais une partie de la formule, celle qui donne au juge le pouvoir de condamner. Et alors *ante condemnationem* signifie : devant le préteur avant qu'il ait rédigé la *condemnatio.*

Le bénéfice de division n'est pas accordé à tous les fidéjusseurs. On le refuse à celui qui a commencé par nier sa qualité (*inficians ;* 1. 10, § 1er, *h. tit. Dig.*);

ainsi qu'aux fidéjusseurs du tuteur. (L. 12, *rem pup. salv. fore.*)

Nous savons que l'effet du bénéfice de division, quand il est opposé, est de contraindre le créancier à diviser son action entre tous les cofidéjusseurs solvables au moment de la *litis contestatio*. Si l'un des fidéjusseurs a commencé par payer sa part, rigoureusement il pourrait encore être poursuivi pour le surplus, sauf le bénéfice de division qu'il pourrait invoquer. Mais Papinien donne une décision encore plus favorable (l. 51, § 1, *h. tit.*); il permet à ce fidéjusseur de repousser le demandeur par l'exception de dol, pourvu qu'à l'époque de la *litis contestatio* son cofidéjusseur soit solvable.

En résumé, le bénéfice de division a pour effet de mettre à la charge du fidéjusseur les insolvabilités survenues avant la *litis contestatio*. Toutefois le créancier mineur de vingt-cinq ans pourrait demander la *restitutio in integrum* s'il avait divisé son action sans tenir compte des insolvabilités déjà existantes. Quant aux insolvabilités postérieures à la *litis contestatio*, elles sont supportées par le créancier, sans qu'il puisse, s'il est mineur de vingt-cinq ans, se faire restituer comme dans la précédente hypothèse ; car ici il ne peut prétendre avoir agi légèrement et la lésion qu'il éprouve ne peut être attribuée à l'inexpérience de son âge. (L. 51, § 4, *h. tit.*)

Si le créancier a divisé volontairement son action, c'est lui qui doit supporter toutes les insolvabilités, antérieures ou postérieures à la délivrance de la formule. (L. 16, Code *De fid.*)

§ 4. — *Du bénéfice cedendarum actionum.*

Lorsque le fidéjusseur avait payé la dette, l'obligation principale étant éteinte comme la sienne propre, il était réduit à exercer contre le *reus* une action *mandati* ou *negotiorum gestorum*, recours que l'insolvabilité du débiteur principal pouvait rendre illusoire ; car le fidéjusseur ne pouvait se prévaloir des sûretés soit personnelles, soit réelles qui garantissaient l'exécution de l'obligation envers le créancier. Pour parer à cet inconvénient, on imagina de faire céder par ce dernier au fidéjusseur ses actions contre le *reus* et les autres fidéjusseurs ; et même, quand à ceux-ci, la cession était indispensable pour que le *solvens* eût un recours à exercer : car comme il avait fait l'affaire seulement du *reus* et non de ses cofidéjusseurs, il ne pouvait avoir de son chef ni *actio mandati* ni action *negotiorum gestorum* contre eux.

Le fidéjusseur pouvait donc exiger que le créancier lui cédât ses actions. Mais pour atteindre ce but, il n'eût pas été admis à intenter des poursuites, car la formule essentiellement unilatérale de la fidéjussion n'imposait aucune obligation au créancier. Le fidéjusseur devait avoir recours à une exception qu'il faisait insérer dans la formule. Il devait dire au créancier : « Je vous paye, mais à condition que vous allez me céder vos actions tant contre le débiteur principal que contre mes cofidéjusseurs ; cette cession m'est utile, et elle ne vous porte aucun préjudice. » En cas de refus il faisait insérer dans la formule l'exception de dol (si vous reconnaissez qu'Aulus Agerius est créancier de 60, et *s'il n'y a eu aucun dol de la part d'Aulus Agerius ..... etc.*). Si l'exception était justifiée, cela entraînait l'absolution du défendeur.

Mais comment concilier cette cession d'actions avec l'extinction de la dette par le payement? Il semble impossible que les actions puissent survivre à l'obligation qu'elles sanctionnent. Les jurisconsultes romains avaient trouvé moyen de tourner cette difficulté; ils considéraient la cession comme une vente de créance intervenue entre le créancier et le fidéjusseur (*quodammodo nomen debitoris vendidit*) et dont le prix était la somme payée par ce dernier. Cette fiction ne pouvait être admise que si la prétendue vente avait lieu avant le payement qui aurait éteint la dette, et avant la *litis contestatio* qui l'aurait novée. (L. 36, *h. tit.*)

Cette cession s'opérait à l'origine par un mandat donné *ad litem;* le créancier constituait le fidéjusseur *procurator in rem suam* à l'effet d'exercer les actions. Ce mode de cession offrait de graves inconvénients. En effet, tant qu'il n'y avait pas eu *litis contestatio*, le *procurator* était exposé à voir son mandat s'évanouir soit par la mort du mandant, soit par son fait, car le créancier, conservant sa qualité malgré le mandat, pouvait valablement libérer le débiteur. L'empereur Gordien fit en partie disparaître les dangers de ce système en attachant l'irrévocabilité du mandat, non seulement à la *litis contestatio*, mais encore au payement partiel et à la *denuntiatio* faite au débiteur cédé (L. 3, *De novat. Code*) (1). Cela permettait bien au cessionnaire de se garantir contre les fraudes du cédant ; mais il demeurait exposé à l'extinction du mandat par la mort de l'une ou de l'autre des parties avant la *litis contestatio*. Les actions utiles fournirent un moyen de le soustraire à cette éventualité. On alla même **plus** loin et l'on décida qu'il n'était pas nécessaire qu'un mandat fût intervenu : le créancier pouvant être contraint à faire la cession, on la considéra comme opérée, et on permit au fidéjusseur d'agir *actione utili quasi ex jure cesso,* comme si réellement il avait reçu mandat *ad litem.*

Souvent, en invoquant le bénéfice *cedendarum actionum,* le fidéjusseur arrivera au même résultat que s'il avait invoqué le bénéfice d'Adrien. Mais il peut se faire que, dans certains cas, il ait intérêt à invoquer l'un plutôt que l'autre. Le bénéfice de division a cet avantage qu'il dispense d'une **avance** peut être considérable. De son côté le bénéfice *cedendarum actionum* sera plus utile, si on suppose que le *reus* est insolvable, et que le créancier, outre des fidéjusseurs, ait encore une hypothèque. En pareil cas, si le fidéjusseur poursuivi oppose le bénéfice de division, il ne pourra jamais recouvrer la part qu'il a payée ; si au contraire il peut payer le tout, il sera par l'effet de la cession subrogé à l'hypothèque qui peut être suffisante pour assurer son remboursement. Il est donc

(1) Nous n'admettons pas l'opinion de Cujus et de Favre, d'après laquelle cette constitution ne s'appliquerait qu'au *procurator in rem alienam.*

impossible de dire *a priori* lequel des deux bénéfices est le plus avantageux au fidéjusseur. C'est à lui d'examiner et de choisir suivant les circonstances.

La cession faite par le créancier comprend-elle l'action hypothécaire contre le tiers détenteur ? C'est là une question fort débattue en droit français, mais en droit romain l'affirmative n'est pas douteuse. (L. 14 *de fidej. Code.*)

Nous avons vu ce qui arrivait quand le créancier refusait de céder les actions. Occupons-nous maintenant du cas où il s'est mis par son fait ou sa négligence dans l'impossibilité de les céder. Ainsi il a fait avec le *reus* un pacte *de non petendo in personam*, lequel ne pourra pas être invoqué par le fidéjusseur (l. 22, *De pactis*) ; ou bien encore le créancier en différant trop longtemps sa poursuite a laissé le débiteur devenir insolvable. Dans ces hypothèses, le fidéjusseur pourra-t-il opposer au créancier l'exception *cedendarum actionum* ? Il faut distinguer entre le *fidejussor indemnitatis* et le fidéjusseur ordinaire.

Le *fidejussor indemnitatis*, dont nous aurons à nous occuper de nouveau à propos du bénéfice de discussion, était celui qui s'était engagé à payer seulement à défaut du débiteur principal ; il n'était donc tenu de payer que si le créancier ne pouvait obtenir son payement du *reus*. Il résultait de là que le créancier ne pouvait, selon son bon plaisir, le forcer à acquitter la dette, quand il avait par son fait libéré le débiteur principal, ou bien par sa négligence laissé les actions devenir inefficaces. Le fidéjusseur pouvait alors se défendre en opposant l'exception *cedendarum actio-*

num, qui devait entraîner l'absolution, puisque le créancier s'était mis dans l'impossibilité de faire la cession qu'on lui demandait.

A l'égard du fidéjusseur ordinaire le créancier n'était tenu à aucune garantie. C'est ce que nous trouvons dans la loi 15, § 1er de notre titre. Une dette de 20 étant cautionnée par deux fidéjusseurs, l'un donne cinq au créancier afin de n'être pas poursuivi; l'autre ne sera pas libéré et si le créancier lui demande le surplus, il ne pourra être repoussé par aucune exception; cependant ce créancier était par son fait dans l'impossibilité de céder ses actions contre le cofidéjusseur. C'était une conséquence rigoureuse de la nature de l'engagement qui était accessoire mais non subsidaire. (V. aussi la loi 62. *h. tit.*)

Au point de vue du bénéfice *cedendarum actionum* il existe des différences considérables entre la fidéjussion et le *mandatum pecuniæ credendæ*.

Dans le *mandatum* il y a deux contrats séparés : l'un entre le mandant et le prêteur, l'autre entre le prêteur et l'emprunteur. De là il résulte que le *mandator* n'est pas tenu par suite de *mutuum*, mais bien en qualité de mandant, comme devant indemniser le mandataire du dommage que l'exécution du mandat lui a fait éprouver (1); en outre, que le prêteur est obligé à rendre compte au *mandator* des actions qu'il a acquises contre le débiteur principal. L'opération étant ainsi analysée, il est facile de comprendre les

_____

(1) Quand le *mandator* paie, c'est comme mandant. La fiction *quodammodo vendidit* n'est donc pas nécessaire pour expliquer la survie des actions malgré l'extinction de la créance.

conséquences logiques qu'ont du en tirer les jurisconsultes romains.

Le créancier peut poursuivre soit le *mandator* soit
le débiteur principal ; mais, comme il y a eu deux contrats distincts, la poursuite intentée contre l'un des
deux obligés ne libère pas l'autre. Si au lieu d'un
mandator nous avions un fidéjusseur, l'exercice de
l'action contre l'un libérerait l'autre ; parce que nous
n'aurions plus deux contrats principaux, mais bien un
contrat principal et un contrat accessoire. Justinien
(l. 22, *De fidej. Code*), a supprimé cette différence entre
les fidéjusseurs et les *mandatores*, et il a décidé que dans
les deux cas la poursuite n'aurait pas d'effet extinctif à
l'égard de l'obligé non poursuivi.

Le *mandator* a droit, comme le fidéjusseur, au bénéfice *cedendarum actionum ;* mais le fidéjusseur
étant tenu par le même contrat que le *reus* doit demander la cession avant que les acons ne soient
éteintes, c'est-à-dire avant le paiement et avant la
litis contestatio. Le *mandator*, au contraire, étant tenu
en vertu d'un contrat de mandat, distinct du *mutuum*,
peut demander la cession après la *litis contestatio*,
après la sentence et même après qu'il a payé. (L. 95
§ 10, *De solut.*) En effet, ce que le paiement a éteint
c'est l'action résultant du mandat, mais la *condictio* résultant du *mutuum* existe toujours ; rien ne
s'oppose donc à ce que le créancier la cède au *mandator* avec les garanties qui l'accompagnent. Il faut
cependant remarquer que cela n'est vrai que
pour les actions du créancier contre le *reus ;* s'il y a
d'autres *mandatores*, celui qui aura payé ne pourra

exiger que le créancier lui cède ses actions contre les autres ; car ils étaient tous tenus par le même contrat, et leur obligation se trouve éteinte par le paiement qu'a effectué l'un d'eux (1). (L. 76, *De solut.*)

Enfin nous avons vu que le créancier n'est pas obligé de conserver les actions au fidéjusseur, parce que la stipulation est un contrat essentiellement unilatéral. Il en est tout autrement dans le cas du *mandatum pecuniæ credendæ;* c'est ce que nous dit Papinien dans la loi 95, § 11, *De solut.* Si donc, par le fait du créancier, la cession est devenue impossible, le *mandator* pourra le repousser au moyen de l'exception *cedendarum actionum.*

§ 5. — *Du bénéfice d'ordre ou de discussion.*

On peut définir le bénéfice de discussion, la faveur accordée au fidéjusseur poursuivi de renvoyer le créancier à discuter d'abord le débiteur principal. Il faut l'examiner à deux époques bien distinctes :

1° Avant Justinien, ou plutôt avant la promulgation de la novelle 4 ; 2° après la promulgation de cette novelle.

I. *Avant Justinien.* — Dans l'ancien droit romain le principe était que le créancier pouvait poursuivre à son gré le fidéjusseur ou le *reus*, et, s'il choisissait le fidéjusseur, celui-ci n'avait aucun droit de le repousser, sous ce prétexte, que tenu accessoirement, il

______

(1) La sentence sans le payement n'aurait pas suffi pour libérer les *comandatores* ; car pour les actions *bonæ fidei* et *in factum* on avait admis le principe : *Non electione unius sed solutione liberantur.*

ne devait payer qu'à défaut du principal obligé. Il ne pouvait en être autrement, car la *litis contestatio* contre le *reus* libérait le fidéjusseur (Paul, *Sent.* l. 2, t. 17, § 16) : et si ce dernier avait pu renvoyer le créancier à poursuivre le *reus*, il se serait trouvé libéré par l'effet de la *litis contestatio*, encore que le créancier n'eût pas par la suite obtenu son paiement du débiteur principal. Le bénéfice de discussion n'était donc pas possible sous le système formulaire, du moins pour le fidéjusseur ; on aurait pu le concevoir pour le *mandator pecuniæ credendæ* qui demeure obligé même après la *litis contestatio* (V. Paul, *loc. cit.*) ; mais nulle part les textes n'en font mention, et nous en devons conclure qu'il n'existait pas davantage en sa faveur.

Justinien, en supprimant l'effet extinctif de la *litis contestatio* (l. 28, *De fidej.*, *Code*), n'innova point quant au bénéfice de discussion : c'est qu'en effet, si l'impossibilité juridique avait dès lors disparu, il subsistait encore des inconvénients pratiques auxquels l'Empereur dut obvier en établissant ce bénéfice dans la novelle 4.

Par exception, cependant, le bénéfice d'ordre existait au profit de certains fidéjusseurs.

1° Il était accordé aux fidéjusseurs des débiteurs du fisc, comme on peut le voir dans la loi *Moschis.* (L. 47, *De jure Fisci*, *Dig.* — V. Cujas sur cette loi.)

2° Il appartenait encore au *fidejussor indemnitatis*. Mais à son égard ce n'était pas une pure faveur; car il avait promis seulement ce que le créancier ne pourrait pas obtenir du débiteur principal (*Quanto minus a Titio consecutus fuero dare spondes?*). Néanmoins une sorte de dissidence paraît s'être produite entre les jurisconsultes sur le sens à donner aux expressions du contrat.

D'un côté Celsus (l. 42, *De reb. cred.*), décide que le créancier pourra valablement actionner le fidéjusseur pour toute la portion que le débiteur principal était, au moment de la poursuite, hors d'état de payer; en un mot, il considère le fidéjusseur comme obligé dès à présent, sans qu'il puisse réclamer une discussion préalable du *reus*. Cette solution est vivement combattue par Paul dans une note sur Papinien (L. 116, *De verb. obl.*). Paul soutient, avec raison, que l'engagement du *fidéjussor indemnitatis* est conditionnel et que par conséquent il ne peut être actionné avant que la condition ne soit accomplie, c'est-à-dire avant que la discussion du débiteur principal ait montré si celui-ci peut, et ce qu'il peut payer. Le même jurisconsulte, dans la loi 21, *De solut.*, insiste sur cette idée, et, pour mieux la mettre en lumière, il emploie une expression qu'il est bon de remarquer : « Si, dit-il, le créancier a demandé le tout au débi-» teur principal, le fidéjusseur *ne sera pas absous* pour » cela, *non tamen absolvitur.* » Celsus au contraire dans la même hypothèse disait : « *Il ne sera pas libéré,* « *non liberabitur.* » La libération suppose une obligation déjà existante; l'absolution a lieu aussi bien pour un défendeur qui n'était pas obligé, que pour celui qui, étant obligé, a été libéré de son obligation.

3° Enfin si l'un des cofidéjusseurs est poursuivi, il peut, à ses risques et périls et en fournissant caution, donner mandat au créancier de discuter préalablement le *reus* et les autres fidéjusseurs. (L. 10 *pp°*, *h. tit., Dig.* et § 2, *De mand., Inst.*)

II. *Après la promulgation de la novelle 4 de Justinien.*

Dans la préface de cette constitution, Justinien nous dit qu'il ne fait que rétablir une ancienne loi tombée, on ne sait comment, en désuétude. Mais quelle est cette *lex antiqua?* Nous n'en trouvons pas de traces dans les textes, et, si elle a existé, elle a dû disparaître de très-bonne heure, car les jurisconsultes ne nous donnent dans aucun fragment lieu de supposer que le fidéjusseur ait jamais eu le bénéfice d'ordre. Cujas (1) conjecture que c'est la loi des Douze-Tables; mais cette assertion n'est pas suffisamment justifiée. Et d'ailleurs ne serait-il pas bien étonnant qu'une disposition aussi importante, contenue dans une loi aussi souvent citée et commentée que la loi des Douze-Tables, n'ait été l'objet d'aucune mention dans les textes?

De nos jours ou a soutenu (M. Ponsot, *Du cautionnement*, n° 183) que, jusqu'au règne d'Alexandre Sévère, le créancier avant de s'attaquer à la caution devait discuter le débiteur principal. Nous ne croyons pas devoir admettre cette thèse. Si elle était vraie, Gaïus, qui vivait plus d'un demi-siècle avant cet empereur, aurait certainement parlé dans ses ouvrages de ce bénéfice d'ordre. D'ailleurs nous voyons dans une constitution d'Antonin (par conséquent antérieure au règne d'Alexandre) que le créancier peut, sauf convention contraire, laisser de côté le *reus* et poursuivre les fidéjusseurs (L. 5. *De fidej. Code*).

(1) « *Forsitan duodecim tabularam* » (*Cuj. Exp. de la Nov. 4*).

Nous sommes porté à croire que, si l'affirmation de Justinien n'est pas erronée, la loi dont il parle est une très ancienne loi déjà tombée en désuétude à l'époque de l'introduction de la procédure formulaire qui, nous l'avons montré, ne pouvait pas se prêter à une discussion préalable des biens du débiteur principal.

En établissant le bénéfice d'ordre, Justinien dut parer à certains inconvénients qui l'eussent rendu trop préjudiciable au créancier.

C'est dans ce but qu'il distingué entre le cas où le *reus* est présent et celui où il est absent. Si le *reus* est présent, le créancier devra le poursuivre avant de s'attaquer au fidéjusseur ; car il est mieux de poursuivre d'abord celui qui a profité de l'obligation, *qui aurum accepit debitumque contraxit*. Dans cette hypothèse, il est parfaitement équitable que le créancier n'ait contre le fidéjusseur qu'un recours subsidiaire et la nécessité de discuter le *reus* ne lui fait courir aucun danger. Dans le cas contraire, quand le *reus* est absent, il serait inique d'imposer au créancier une pareille obligation. Le débiteur principal pourrait s'être concerté avec le fidéjusseur et prolonger indéfiniment son absence, de telle sorte que le créancier, renvoyé sans cesse à le discuter, n'aurait jamais pu parvenir à l'atteindre. Et l'on sait qu'en droit romain *l'in jus vocatio* nétait pas possible contre un absent; la *missio in piossessonem*, accordée plus tard en pareil cas par le préteur, n'était pas un remède suffisant, Car le créancier se serait trouvé sans ressource précisément dans le cas le plus dangereux, quand le débiteur principal est insolvable, et cela arrive souvent pour un débiteur cautionné. Ce danger, il est vrai, se présentait aussi dans l'ancien droit, dans les hypothèses exceptionnelles où le fidéjusseur jouissait du bénéfice d'ordre ; mais le créancier ne pouvait s'en plaindre, puisqu'il avait accepté lui-même cette situation désavantageuse. Si donc le débiteur est absent, Justinien décide que les fidéjusseurs pourront être actionnés, non pas immédiatement, mais après un délai accordé par le juge pour obtenir la représentation du *reus* et si, à l'expiration de ce délai, la représentation n'est pas effectuée.

Le chapitre deuxième de la novelle étend le bénéfice de discussion aux tiers détenteurs d'objets hypothéqués.

Certaines personnes ne participent pas au bénéfice de la novelle ; ce sont les *argentarii* fidéjusseurs. Cette exception est fondée sur l'intérêt des contractants qui ont dû compter sur l'*argentarius*, et qui, en l'acceptant comme fidéjusseur, ont, ainsi que le dit Ulpien (l. 24 § 2, *De reb. auct. jud. pos.*), suivi la foi publique, *fidem publicam secuti*. La position des *argentarii* était ainsi fort périlleuse ; ils pouvaient se voir opposer le bénéfice de discussion par les fidéjusseurs de leurs débiteurs, sans pouvoir eux-mêmes l'opposer aux créanciers de ceux qu'ils avaient cautionnés. Ils tâchèrent de rétablir l'égalité, et ils exigèrent que les cautions de leurs débiteurs renonçassent au bénéfice de la novelle. On leur contesta la validité de cette renonciation et alors ils s'adressèrent à l'Empereur, qui trancha la question en leur faveur dans la novelle 136. Il fut dès lors expressément ment permis au fidéjusseur de renoncer au bénéfice de discussion : *Unicuique integrum est*, dit Justinien, *quæ ipsi lege data et concessa sunt, renuntiare.*

CHAPITRE IV

DU RECOURS DU FIDÉJUSSEUR CONTRE LE DÉBITEUR PRINCIPAL.

Nous n'avons pas à nous occuper dans ce chapitre du recours que le fidéjusseur peut exercer au moyen des actions du créancier, qu'il s'est fait céder en vertu du bénéfice *cedendarum actionum ;* nous étudierons seulement le recours par les actions personnelles qui appartiennent au fidéjusseur soit comme mandataire soit comme *negotiorum gestor.* Ce recours peut avoir lieu : 1° Lorsque le fidéjusseur a libéré le *reus*, 2° Dans certains cas même avant de l'avoir libéré.

I. — *Le fidéjusseur a libéré le reus.* — Cette libération peut avoir eu lieu de plusieurs manières que nous allons rapidement examiner.

1° Le fidéjusseur a payé la dette. — Sur ce mode de libération il faut remarquer que pour que le recours puisse être exercé, le paiement doit n'avoir pas été fait par anticipation. Certains jurisconsultes avaient soutenu que dans ce cas le fidéjusseur pourrait intenter l'action de mandat immédiatement, mais déduction faite de l'intérêt que le débiteur avait à ne pas payer avant le terme. Paul (l. 22, § 1, *mandati*) repousse cette opinion et refuse au fidéjusseur le droit d'exercer son recours avant l'échéance du terme, même en tenant compte du préjudice qu'il causerait au débiteur principal. Ce système avait à bon droit prévalu et nous le retrouvons dans les lois 51, *mand.* et 31, *De fidej.*

Ce que nous disons du paiement doit aussi s'appliquer à la *datio in solutum.*

2° Le créancier a fait au fidéjusseur remise de la dette. — Sur ce point il faut distinguer entre la remise par *acceptilatio* et la remise par un pacte *de non petendo.*

L'*acceptilatio* ayant pour effet de faire considérer la dette comme payée, doit, comme le paiement véritable, libérer le *reus.* Cependant, si elle a été faite au fidéjusseur conditionnel avant l'arrivée de la condition qui, d'après le contrat, devait se réaliser dans un certain délai, l'exercice du recours sera en suspens. Si la condition se réalise dans le délai fixé, le fidéjusseur pourra recourir contre le *reus;* dans le cas contraire, l'obligation n'ayant jamais existé, l'acceptilation a été non avenue; elle n'a pas libéré le débiteur principal, et par suite le fidéjusseur n'a aucun recours à exercer. (L. 72., *h. tit.*)

Le pacte *de non petendo,* même conçu *in rem,* qui est intervenu entre le créancier et le fidéjusseur ne libère pas le *reus, quia nihil ejus interest a debitore pecuniam non peti* (l. 23, *De pactis*); à moins que le pacte ne portât formellement qu'il est fait *ne a reo petatur,* (L. 25, § 2 et l. 26, *De pactis.*) Ce n'est donc que dans ce cas particulier qu'il peut servir de base à un recours de la part du fidéjusseur.

3° et 4°. La compensation du chef du fidéjusseur, et la novation opérée entre lui et le créancier libérant le *reus*, le fidéjusseur pourra recourir contre ce dernier ; c'est ce qui est dit par la loi 18, *h. tit.* pour le cas de novation par changement de débiteur.

5°. Enfin lorsque le fidéjusseur devient l'héritier du créancier, il aura une action à exercer contre le *reus*. Mais sera-ce l'action *mandati* ou l'action *ex stipulatu?* Africain (L. 21, § 5, *h. tit.*) décide que ce sera l'action *ex stipulatu*, parce que , le fidéjusseur ne pouvant être regardé comme s'étant payé à lui-même, n'a pas libéré le débiteur principal.

II. — *Le reus n'a pas été libéré.* — Quoique le fidéjusseur n'ait pas libéré le *reus*, il peut arriver, dans quelques circonstances particulières, qu'on lui donne une action. Cela a lieu :

1° Lorsque le *reus* a tardé trop longtemps à payer, *diu in solutione cessavit.* Ici l'action du fidéjusseur tendra à ce que le *reus* lui procure sa libération. (L. 38, § 1, *mandati*).

2° Si le *reus*, dilapide sa fortune. Les deux lois, dans lesquelles se trouve établi ce recours exceptionnel, semblent n'être pas d'accord : la loi 38, § 1, *mandati*, au Dig., exige que le *reus* ait tout dissipé, *certe bona sua dissipavit ;* la loi 10, *mandati*, au Code, se contente d'une dilapidation commencée, *dilapidare expisse.* Nous pensons que l'on doit s'en tenir à ce dernier sentiment, car l'application de la loi 38, prise à la lettre, serait beaucoup trop rare, et d'ailleurs le simple mauvais état des affaires du *reus* légitime suffisamment la poursuite du fidéjusseur.

3° Ces mêmes lois nous indiquent implicitement un troisième cas de recours ; *nec tamen semper exspectan-*

dum est ut solvat, aut judicio accepto condemnetur,
dit la loi 38, au Digeste. Si donc le fidéjusseur a été
condamné, il pourra agir contre le débiteur principal,
à moins que la condamnation n'ait eu lieu *injuria
judicis* (L. 67, *h. tit.*).

4° Enfin si le *reus* s'était engagé à libérer le fidéjusseur au bout d'un certain temps, le fidéjusseur
pourrait agir à l'expiration du temps convenu. Mais
il faut que le pacte ait été fait au même moment que
le contrat; les *pacta adjecta in continenti* sont en effet
les seuls qui soient munis d'une action (L. 10, *mand.,
Code.*). Ici, comme dans le 1° et le 2°, le fidéjusseur
agira pour se faire libérer; dans le 3°, pour contraindre le *reus* à venir le défendre contre l'action *judicati*
ou à le libérer de cette action.

Actions par lesquelles peut s'exercer le recours. —
Prenons le cas le plus général, celui où le fidéjusseur
a payé.

Les Institutes (§ 6, *h. tit.*) et Gaius (§ 127) nous
disent que le fidéjusseur qui a payé pour le débiteur
pourra exercer contre l'action *mandati.* C'est là le
droit commun; ordinairement le fidéjusseur aura
reçu du *reus* mandat de cautionner la dette, et comme
mandataire il aura droit à se faire rembourser ce que
lui a coûté l'exécution du mandat. Mais il est possible
qu'il se soit obligé sur le mandat d'un autre que le
reus; c'est alors contre ce tiers qu'il aurait l'action
mandati contraria.

Une personne pourrait s'être portée fidéjusseur,
sans avoir reçu aucun mandat ni du *reus* ni d'un tiers;
si elle paie, aura-t-elle un recours? La question se

résout par une distinction. A-t-elle eu l'intention de gratifier le débiteur principal, elle n'aura rien à réclamer de lui ; si, au contraire, elle n'a pas eu l'intention de faire une libéralité, et qu'au lieu de s'engager *animo donandi* elle se soit engagée en qualité de *negotiorum gestor*, on lui donnera l'action *negotiorum gestorum contraria.*

Mais que décider si le fidéjusseur était intervenu, non plus seulement à l'insu du débiteur principal, mais malgré lui ? Le débiteur a défendu à Titius de se mêler de ses affaires, et malgré cette défense Titius s'est porté fidéjusseur et a payé la dette ; aura-t-il un recours ? La question était controversée dans l'ancien droit. Quelques jurisconsultes pensaient qu'en raison du service rendu on devait lui donner une action. Cette action ne pouvait pas être l'action *mandati*, ni une action *negotiorum gestorum* directe ; ils lui donnaient, en conséquence, une action *utilis negotiorum gestorum.* Mais l'avis contraire avait prévalu (l. 40, *mand.*), d'après lequel aucune action n'était accordée. Justinien (l., *De neg. gest.*, *Code*) a 24 donné gain de cause au second système.

Quant aux recours, il y avait dans l'ancien droit, quelque chose de spécial pour les *sponsores.* Le *sponsor* avait, comme les autres *adpromissores*, les actions *mandati* ou *negotiorum gestorum* (G. § 127) ; mais, outre cela, il avait deux avantages dont ne jouissaient ni les *fidepromissores* ni les fidéjusseurs. En vertu d'une loi Publilia dont on ignore la date, le *sponsor* qui avait payé avait l'action *depensi ;* cette action était *in duplum adversus inficiantem*, c'est-à-dire donnée au double contre le débiteur qui niait sa qualité ou celle du *sponsor* (**G.**, § 9, c. **iv**). **Autre faveur : En** règle générale le condamné pouvait être contraint par corps ; mais cette *manus injectio* n'avait lieu que lorsque une sentence de condamnation avait été prononcée. Dans certains cas cependant, il pouvait y avoir *manus injectio* sans condamnation préalable, et on disait alors que c'était une *manus injectio pro judicato*, comme si le débiteur eût été condamné. Aux termes de la même loi Publilia, le *sponsor* qui a payé peut contraindre le débiteur par corps, s'il n'est pas remboursé dans les six mois (**G.**, § 22, c. **iv**).

CHAPITRE V.

DE L'EXTINCTION DE LA FIDÉJUSSION.

L'obligation qui naît du contrat de fidéjussion peut s'éteindre de deux manières : ou bien seule et indépendamment de l'obligation principale, ou bien par voie de conséquence.

§ 1er *Extinction de la fidéjussion seule et indépendamment de l'obligation principale.*

Nous avons déjà rencontré plusieurs cas où, l'obligation principale subsistant, celle du fidéjusseur se trouve éteinte. Cela se présente d'abord dans le cas où le créancier a fait avec le fidéjusseur un pacte *de non petendo* même *in rem*. Quand le pacte est *in rem*, on aurait pu, à première vue, croire que le *reus* est libéré ; mais le jurisconsulte Paul nous met en garde contre cette idée en nous faisant remarquer, avec beaucoup de justesse, que ce pacte n'a pu avoir d'effet qu'à l'égard du fidéjusseur, car celui-ci n'avait aucun intérêt à ce que le créancier ne poursuivît pas le débiteur principal. Cependant, s'il était démontré que l'intention des parties a été de libérer aussi le *reus*, il faudrait bien accorder cet effet à la convention, qui alors aurait éteint en même temps les deux obligations (L. 23, *De pactis*).

Un second cas a aussi été mentionné à propos du bénéfice *cedendarum actionum;* le *fidejussor indemnitatis* est libéré, quand le créancier s'est mis par son fait ou sa négligence dans l'impossibilité de lui céder ses actions.

Mais l'hypothèse la plus intéressante à étudier, c'est l'extinction de la fidéjussion par suite d'une confusion opérée entre le fidéjusseur et le *reus*. Il faut supposer que le fidéjusseur est devenu l'héritier du débiteur principal ou réciproquement. Alors, comme une personne ne peut être en même temps débiteur et caution de son propre engagement, l'une des deux obligations doit disparaître, et c'est l'obligation accessoire, qui se trouve absorbée par l'obligation principale. Toutefois cette solution avait soulevé certaines difficultés et n'avait pas été adoptée par tous les jurisconsultes. Les raisons qui militent en faveur du premier système sont très-clairement exposées par Ulpien dans la loi 5 de notre titre. Le fidéjusseur, succédant au débiteur principal, cesse d'être tenu comme fidéjusseur; mais il demeure tenu en qualité d'héritier du *reus*. En effet, comme les deux obligations sont différentes, on peut comprendre que l'une ait absorbé l'autre, et il est naturel que ce soit l'obligation la moins rigoureuse qui disparaisse. Il en est autrement quand un débiteur principal succède à un autre débiteur principal : les deux obligations étant alors de même force, *ejusdem potestatis*, il n'y a aucune raison de maintenir l'une plutôt que l'autre ; on est donc forcé de dire qu'elles subsisteront toutes les deux. C'est ce qui arrivera, si l'un de deux *correi promittendi* devient l'héritier de l'autre ; les deux obligations se réuniront sur la même tête : *altera alteri potius adjicitur quam confusionem parere*, dit Scœvola dans la loi 93, *De solut.* Voici l'intérêt pratique de cette décision. Il est tout différent d'être tenu en son propre nom et d'être tenu comme héritier d'un codébiteur ; le débiteur survivant, actionné personnellement, pourrait peut-être faire valoir des exceptions dont il ne jouirait pas s'il était poursuivi comme héritier de son *correus*. Si l'on considère les deux titres comme réunis sans être confondus, ce débiteur survivant ne pourra opposer ni les exceptions à lui personnelles, ni celles qui étaient personnelles à son coobligé. Que si, au contraire, nous avons, au lieu de deux *correi*, un *reus* et un fidéjusseur, la confusion s'étant opérée, l'obligation principale survit seule. Le fidéjusseur pourra donc opposer les exceptions qui appartenaient au *reus*, mais il ne pourra pas opposer celles dont il jouissait en qualité de fidéjusseur ; si néanmoins il voulait se prévaloir de ces dernières, le créancier les repousserait par une *replicatio in factum* ou une *replicatio doli* (L. 14, *h. tit.*).

Telle était l'opinion des Sabiniens. Proculus était

d'un avis contraire, pour le cas où le débiteur principal succède au fidéjusseur (L. 93, § 5, *De solut.*), et il
pensait qu'alors les deux obligations n'étaient pas confondues. Nous ne trouvons nulle part dans les textes,
quelles raisons on pouvait donner à l'appui de cette
distinction, qu'il est du reste fort difficile, sinon impossible, de justifier.

Remarquons que, d'après les principes exposés plus
haut, les deux obligations subsisteraient si la confusion s'était opérée entre deux fidéjusseurs (L. 21,
§ 1, *h. tit.*).

Mais ce que nous venons de dire sur l'extinction de
l'obligation du fidéjusseur par la confusion n'est vrai
que si l'obligation principale est la plus pleine,
quoties rei plenior promittendi obligatio invenitur. La
règle change, lorsque l'action du créancier contre le
fidéjusseur se trouve être la plus avantageuse. Si, par
exemple, l'obligation principale était naturelle, le fidé
jusseur succédant au *reus* resterait obligé comme fidéjusseur. L'intérêt du créancier exige ici qu'on ne
fasse pas une application rigoureuse du principe,
qu'une personne ne peut être caution de sa propre
obligation. C'est ce que nous voyons dans la loi 21,
§ 2, *h. tit.* Un esclave, qui a emprunté de l'argent,
peut après son affranchissement valablement cautionner l'obligation *De peculio* dont est tenu le maître, mais
non sa propre obligation naturelle. Si celle-ci a été
cautionnée par un tiers qui soit ensuite devenu l'héritier de l'affranchi, les deux obligations subsisteront,
sans se confondre dans la personne de cet héritier.

Le créancier y gagnera ; car on peut supposer que l'obligation civile vienne à s'éteindre (p. ex. : par le laps de temps, si c'est un *sponsor*); et alors si on lui paye cette dette naturelle pour laquelle il ne pourrait intenter une action en justice, il ne sera pas exposé à la *condictio indebiti*. La même décision nous est donnée par la loi 95, § 3, *De solut.*, où l'on doit, selon nous, lire avec Cujas : *Nam si reus natura duntaxat fuit obligatus fidejussor non liberabitur.* »

Mais il ne faut pas étendre cette solution au cas où le débiteur principal, quoique obligé civilement, aurait un moyen de défense personnel comme l'*in integrum restitutio* pour cause de minorité. Ainsi une personne a prêté de bonne foi à un mineur de vingt-cinq ans une somme que celui-ci a inutilement dépensée; puis ce mineur, étant encore dans les délais pour obtenir la *restitutio*, meurt laissant pour héritier son fidéjusseur. C'est l'hypothèse que prévoit la loi 95, § 3, *in fine, De solut.* Papinien décide que les deux obligations seront confondues et que le fidéjusseur sera seulement tenu comme héritier du *reus ;* et il réfute l'argument qu'on aurait pu tirer, en faveur de la doctrine contraire, du secours éventuel offert par le préteur au mineur de vingt-cinq ans, en faisant remarquer que le fidéjusseur ne s'est pas obligé pour garantir le créancier contre une pareille restitution ; il est au contraire intervenu *sine contemplatione juris prœtorii.* Ce passage du texte est inexplicable, tel qu'il nous est parvenu ; une restitution était nécessaire, et les commentateurs en ont présenté un grand nombre. Nous rejetons les cor-

rections proposées par Cujas (1) et Jacques Woorda (2),
pour nous en tenir, avec M. Pellat (3), à celle de Favre qui restitue ainsi le texte : « *Difficile est dicere cau-*
« *sam juris honorarii quæ potuit auxilio minori esse,*
« *retinere fidejussoris obligationem,* AC NON POTIUS SOLAM
« MANERE MINORIS OBLIGATIONEM *quæ principalis fuit et*
« *cui fidejussor is accessit sine contemplatione juris*
« *prætorii* » (4). Quelle que soit d'ailleurs la version
qu'on adopte, le sens reste le même.

De la raison donnée par Papinien, il résulte qu'on
doit examiner soigneusement quelle a été l'intention
du fidéjusseur. Si, au lieu de s'obliger simplement
pour garantir la solvabilité du mineur, il s'est en outre
obligé dans le but de sauvegarder le créancier contre
l'éventualité de la *restitutio in integrum* ; si, en un
mot, il s'est obligé *contemplatione juris prætorii*, il faudra dire alors qu'il ne pourra pas, comme dans le cas
précédent, jouir, du chef du mineur, du bénéfice
de cette restitution (L. 13, *De min. vig.* ; L. 3, *De
separ.*).

§ 2. — *Extinction de la fidéjussion par voie de
conséquence.*

L'obligation du fidéjusseur n'étant qu'accessoire
doit nécessairement s'évanouir aussitôt que le débi-

(1) Cujas remplace les mots *quæ principalis* par ceux-ci : *quæ
personalis.*

(2) Woorda, intercale *per* avant *causam* et sous-entend *eam* avant
quæ principalis.

(3) M. Pellat, *Textes choisis des Pandectes* (année 1860), p. 234
et 235.

(4) Favre, *Conject.*, l. IV, c. 4.

teur principal est libéré. Telle est la règle. Comme le débiteur peut être libéré, soit *exceptionis ope*, soit *ipso jure*, nous diviserons en deux classes les divers modes d'extinction de l'obligation principale, afin d'étudier d'une façon plus méthodique l'influence de cette extinction sur l'obligation du fidéjusseur.

I. *Modes d'extinction ipso jure.* — Nous laisserons de côté le payement de la dette et les modes qui lui sont assimilés, pour ne nous occuper que de la *litis contestatio* et de la confusion.

Litis contestatio. — Sous le système formulaire, pour que la *litis contestatio* opère de plein droit l'extinction de la dette, il faut qu'il s'agisse d'une action personnelle *in jus*, organisée au moyen d'un *judicium legitimum*. C'est donc dans cette hypothèse que nous devons nous placer.

Engagée contre le *reus*, la *litis contestatio* opère novation (G., §§ 180 et 181, c. III ; § 107, c. IV) et par conséquent extinction de l'obligation principale, et cette extinction profite au fidéjusseur. Il semble cependant qu'il y ait deux obligations bien distinctes, l'une principale, celle du *reus*, l'autre accessoire, celle du fidéjusseur ; cela est si vrai que l'obligation du *reus* peut être moins pleine que celle du fidéjusseur, et réciproquement. On aurait donc dû décider que la *litis contestatio* n'emportait novation qu'à l'égard du *reus* contre lequel elle avait été engagée. Mais les jurisconsultes romains ont été entraînés par l'assimilation qu'ils faisaient de la fidéjussion avec les obligations corréales, et ils ont dit que, puisque l'objet de l'obligation accessoire était le même que celui de l'obligation principale, la première, aussi bien que la seconde, devait être novée par la *litis contestatio* contre le *reus*. Aussitôt donc qu'elle avait eu lieu, le fidéjusseur était libéré. Cette libération présentait un danger pour le créancier qui pouvait avoir affaire à un *reus* insolvable, et se trouver dépourvu de toute action contre le fidéjusseur. Mais il y avait à cela plusieurs remèdes.

Un expédient souvent employé était celui-ci. Le créancier se faisait donner mandat par le fidéjusseur de poursuivre d'abord le débiteur principal, et alors, en cas d'insolvabilité de celui-ci, il avait contre la caution l'*actio mandati contraria* (§ 2, *De mand. Inst.*).

Il pouvait encore interroger le fidéjusseur dans la forme de la *fidejussio indemnitalis ;* ou bien, au lieu d'un fidéjusseur, se faire garantir la dette par un *mandator pecuniæ credendæ.*

Les effets de la *litis contestatio* étaient les mêmes quand elle avait été engagée contre l'un des fidéjusseurs. Le *reus* et les autres fidéjusseurs se trouvaient libérés.

Ces effets ont même survécu au système formulaire, et ce n'est qu'à partir de la constitution de Justinien formant au Code la loi 28, *De fidej.*, que la *litis contestatio* n'a plus opéré novation et que, par conséquent, la poursuite intentée contre le *reus* a laissé subsister l'obligation du fidéjusseur.

Confusion. — Il faut supposer ici que la confusion a eu lieu entre le *reus* et le créancier. S'il n'y a qu'un seul débiteur principal, pas de difficulté ; le fidéjusseur est libéré par suite de l'extinction de l'obligation du *reus*. Mais s'il y a plusieurs obligés principaux, la question

n'est pas aussi simple. Paul s'occupe de cette hypothèse dans la loi 71, *h. tit.*, dont voici l'espèce. Granius Antoninus avait donné mandat à Aurelius Palma
de prêter une somme d'argent à Julius Pollio et à Julius Rufus, obligés solidairement. Les biens de Palma
et de Pollio ont été dévolus au fisc, qui est ainsi devenu successeur à la fois du créancier et de l'un des
débiteurs principaux. Il s'est donc produit une confusion, et le *mandator* (1) poursuivi voulait s'en prévaloir. Mais Paul décide que, comme il y a deux obligés
principaux, la confusion n'a pas pu avoir le même
effet que le payement ; le payement portant sur l'objet même de l'obligation aurait libéré tous les débiteurs, la confusion au contraire n'a pu libérer que celui d'entre eux dans la personne duquel elle s'est
opérée. Il suit de là que Granius Antoninus est libéré
en tant que *mandator* de Pollio dont les biens ont été
dévolus au fisc ; mais il reste obligé comme *mandator*
de Rufus. Cependant, si le fisc le poursuit, il pourra le
repousser ; car le débiteur auquel le fisc a succédé était
tenu solidairement avec son *correus* d'indemniser leur
mandator commun des suites du mandat qu'ils lui
avaient eux-mêmes donné de leur faire prêter de l'argent. Le *mandator* pourra donc lui opposer la compensation au moyen d'une exception de dol. Mais il ne sera
complétement absous que si les deux débiteurs n'étaient
pas *socii* : s'ils l'étaient, il sera condamné pour moitié (2).
En résumé, lorsqu'il y a deux débiteurs, la confusion

---

(1) Quant à l'extinction par confusion, il n'y a pas de différence
entre le *mandator* et le fidéjusseur.

(2) V. M. Pellat, *loc. cit.*, p. 173 et suiv.

qui s'est opérée entre l'un d'eux et le créancier libère le fidéjusseur pour le tout ou pour partie.

Par exception, le fidéjusseur reste obligé quoique le débiteur principal cesse de l'être dans plusieurs cas.

1° Quand l'objet de la dette est un corps certain qui périt par le fait du fidéjusseur, le *reus* doit être libéré, car pour lui ce fait du fidéjusseur est un cas fortuit. Quant à l'action qu'on devait en pareil cas donner contre le fidéjusseur, les jurisconsultes étaient partagés. Nératius et Julien (L. 19, *De dol. mal.*) accordaient l'action *De dolo*, parce que, le débiteur principal étant libéré, la fidéjussion avait dû s'évanouir ; et que, par conséquent, le fidéjusseur n'était plus tenu que par suite de son méfait. Africain et Marcien (L. 38, § 4, *in fine*, *De solut.*; L. 32, § 5, *De usur.*) n'étaient pas du même avis ; suivant eux, on devra restituer au créancier son action contre le fidéjusseur. De cette façon, on épargnera au fidéjusseur l'infamie de l'action de dol, et de son côté le créancier pourra poursuivre les héritiers de ce fidéjusseur. Ainsi ces deux derniers jurisconsultes accordaient au créancier une action *ex stipulatu utilis*. Cette restitution devait être demandée dans le délai d'un an. Mais on finit par admettre qu'on lui donnerait directement l'action du contrat, qu'il n'aura plus besoin de demander dans l'année. C'est ce que décide Papinien dans la loi 95, § 1, *De solut*; il assimile ce cas à celui où le *reus* est mort sans héritier.

2° Lorsque les biens du *reus* sont confisqués (L. 1, 15, 20, *De fidej. Code*).

4° Si le créancier a été envoyé en possession des biens du débiteur (L. 21, § 3, *in fine, h. tit.*).

II. Modes d'extinction *exceptionis ope*. — Il s'agit ici de modes d'extinction qui, s'étant produits dans la personne du débiteur, fournissent un moyen de défense, ou plutôt une exception tant au fidéjusseur qu'au *reus* lui-même. Cet effet ne peut évidemment pas avoir lieu pour les exceptions personnelles, *personæ cohærentes*, parmi lesquelles nous trouvons le béfice de compétence (L. 7, *De except.*), le pacte *de non petendo in personam* et l'exception de cession des biens (L. 5, *De cess. bon.*). Le fidéjusseur ne peut pas les invoquer du chef du débiteur principal.

Au contraire les exceptions *rei cohærentes* qui appartiennent au *reus*, n'étant pas exclusivement attachées à sa personne, pourront être opposées par le fidéjusseur, et c'est le cas d'appliquer la règle posée par Marcien (L. 19, *De except.*) et Paul (L. 7, *ibid.*) : *Rei cohærentes exceptiones etiam fidejussoribus competunt.*

Ces exceptions sont nombreuses; nous allons parcourir les plus importantes.

Exceptio rei judicatæ; exceptio rei in judicium deductæ. — Quand nous avons parlé des modes d'extinction *ipso jure*, nous nous sommes placés dans l'hypothèse d'une action personnelle *in jus*, organisée au moyen d'un *judicium legitimum*. Ici il faut supposer que l'une de ces trois conditions manque; car alors les effets de la sentence et ceux de la *litis contestatio* ne se produisent pas de plein droit, mais seulement *exceptionis ope*.

Quand une sentence a été rendue, il y a ce que l'on appelle chose jugée, et si le créancier vient à renouveler son action, il pourra être repoussé par l'exception *rei judicatæ*, fondée sur ce principe : *res judicata pro veritate habetur*. Cette exception sera ici nécessaire ; car le créancier, en droit strict, a conservé son action. Elle pourra, ainsi que le dit formellement la loi 7, § 1, *De except.*, être opposée par le fidéjusseur du chef du débiteur principal.

S'il n'y a pas encore eu sentence, mais seulement *litis contestatio*, il peut se faire que le défendeur jouisse de l'*exceptio rei in judicium deductæ*. Ainsi le demandeur a laissé expirer les pouvoirs du magistrat sans obtenir la sentence ; ou bien, s'il s'agit d'un *legitimum judicium*, il a laissé passer dix-huit mois depuis la *litis contestatio*. Dans ces deux hypothèses, il n'y a pas eu libération de plein droit du fidéjusseur, pas plus que du *reus*, parce que la *litis contestatio* n'a pas opéré novation. Si donc le créancier le poursuit, il pourra lui opposer une exception ; et, comme il n'y a pas eu sentence, on ne lui donnera pas l'exception *rei judicatæ*, mais bien l'exception *rei in judicium deductæ*, qu'on aurait accordée au débiteur lui-même.

Exceptio rei residuæ ; litis dividuæ. — Il est bon qu'une même instance vide toutes les difficultés qui peuvent exister entre les deux parties. Aussi on accordait au défendeur une exception *rei residuæ*, quand le créancier, qui n'avait réclamé qu'une partie de ce qui lui était dû, voulait réclamer le surplus pendant la même préture ; et *litis dividuæ* si, ayant plusieurs créances, il n'avait agi que pour un seule, et voulait dans la même préture agir pour les autres (1). Ces deux exceptions pouvaient être opposées au créancier par le fidéjusseur du chef du *reus*.

Exceptio senatusconsulti macedoniani. — Cette exception n'appartient pas toujours au fidéjusseur du fils de famille. On la lui donne en règle générale, parce qu'on craint que le sénatus-consulte ne soit indirectement violé, par suite du recours du fidéjusseur qui, étant poursuivi par le créancier, aurait payé la dette. Si donc le fidéjusseur n'a pas de recours à exercer, par exemple s'il est intervenu *animo donandi*, l'exception lui serait refusée (L. 9, § 3, *De sc. maced.*).

Restitutio in integrum. — On suppose qu'une personne a prêté de l'argent sans dol à un mineur de vingt-cinq ans; si le mineur a dissipé la somme, il aura le droit de se faire restituer par le préteur contre son engagement. Mais, à la différence des autres modes d'extinction, la restitution ne profite pas au fidéjusseur avant que le mineur ne l'ait obtenue. C'est du moins ce qui paraît résulter de la loi 7, § 1er, *in fine*, *De except.* Dans ce texte, les mots *nec fidejussori danda exceptio* doivent se rattacher directement au premier membre de phrase : *nec ipse ante habet auxilium quam restitutus fuerit.* Il est probable que cette particularité vient de ce que la *restitutio in integrum* doit être invoquée directement par le mineur, qui même ne peut s'en prévaloir sous forme d'exception. De là il suit que le fidéjusseur n'y a droit qu'autant qu'elle a été obtenue.

(1) V. M. Bonjean, *Traité des actions*, t. II, p. 326 et 327.

Au reste, d'après la distinction que nous avons établie plus haut, il ne peut pas s'en servir quand il s'est obligé *cum contemplatione juris prætorii*.

Exceptio doli mali; exceptio quod metus causa.—La loi 7, § 1, range ces deux exceptions parmi les moyens de défense *rei cohærentes* que le fidéjusseur peut opposer du chef du *reus*. Il ne pouvait pas y avoir de doute pour l'exception *quod metus causa* qui est *scripta in rem*. Mais une difficulté pouvait s'élever pour l'exception de dol qui ne participe pas à ce caractère. La difficulté n'est qu'apparente ; l'exception de dol n'est *in personam* qu'à l'égard du demandeur ; du moment qu'il est prouvé que le dol émane de lui, l'exception appartient à quiconque a intérêt à l'opposer (L. 2, § 2, *De dol. mal. et met. caus. except.*).

Exceptio jurisjurandi. — Comme celles que nous venons de parcourir, cette exception compète au fidéjusseur du chef du débiteur principal (L. 7, § 1, *De except.*).

Exceptio pacti conventi. — Le fidéjusseur ne peut l'invoquer que lorsqu'il y a eu entre le *reus* et le créancier un pacte *de non petendo in rem*, et l'on doit ajouter, pourvu que le fidéjusseur ne soit pas intervenu *animo donandi* (L. 32, *De pact.*).

Le pacte *in rem* fait à l'un des fidéjusseurs profite à tous les autres (L. 25, § ,2 et L. 26, *De pact.*).

Exceptio senatusconsulti Velleiani. — Une femme a intercédé pour autrui, et, pour sûreté de son intercession, le créancier s'est fait donner un fidéjusseur. Si ce dernier est poursuivi, il pourra opposer au créancier l'exception du sénatus-consulte, car il ne faut pas que la femme se trouve indirectement forcée de payer, par suite de l'*actio mandati* que le fidéjusseur intenterait contre elle. Mais il y avait une autre raison pour accorder l'exception, c'est que l'obligation de la femme était complétement nulle, et au surplus le créancier a d'autres ressources que l'action contre le fidéjusseur ; il peut, par exemple, en cas d'*expro-missio* faite par une femme, intenter contre le débiteur primitif une action restitutoire qui remet les choses dans l'état où elles se trouvaient avant l'*intercessio*. C'est par ces raisons que Julien (L. 16, § 1, *ad. sc. Vell.*) repousse l'opinion de Cassius, d'après lequel le fidéjusseur obligé *animo donandi*, n'ayant pas l'action de mandat, n'aurait pas pu se prévaloir de l'exception du sénatus-consulte.

Néanmoins la loi 6, *ad sc. Vell.* nous présente un cas où le fidéjusseur n'aurait pas l'exception tirée du sénatusconsulte. Ainsi une femme a donné mandat à quelqu'un de se porter fidéjusseur pour le *procurator* de son fils absent. Quoique le fidéjusseur soit intervenu pour le *procurator*, il jouira de l'exception, parce qu'il s'est obligé *contemplatione mandati matris*, à condition toutefois que ce mandat de la mère ait été connu de celui qui a reçu le fidéjusseur. S'il l'avait ignoré, il pourrait paralyser par une *replicatio doli* l'exception qui lui serait opposée.

DROIT FRANÇAIS

DES EFFETS DU CAUTIONNEMENT

Nous ne nous occuperons pas en droit français, comme nous venons de le faire en droit romain, de toute la matière du cautionnement. Le sujet serait trop vaste, et les limites de ce travail ne nous permettraient pas de le traiter d'une manière assez complète. Nous avons donc préféré nous borner à étudier les effets du cautionnement, en laissant de côté ce qui a trait à la nature et à l'étendue de ce contrat, et à son extinction.

Le plan que nous avons adopté est celui du Code Napoléon ; il eût été bien difficile d'en trouver un qui fût à la fois plus simple et plus rationnel.

Nous étudierons donc dans un premier chapitre les effets du cautionnement entre la caution et le créancier. Sous ce titre viendront se ranger le bénéfice de discussion et le bénéfice de division.

Un second chapitre sera consacré aux effets du cautionnement entre le débiteur principal et la caution, c'est-à-dire aux recours que la caution peut exercer soit de son chef, soit comme subrogée aux droits et actions du créancier.

Enfin, dans un troisième chapitre, nous verrons

quels effets produit le contrat de cautionnement entre les cofidéjusseurs.

CHAPITRE 1er.

EFFETS DU CAUTIONNEMENT ENTRE LA CAUTION ET LE CRÉANCIER.

Dans les rapports entre la caution et le créancier, les effets particuliers du contrat de cautionnement consistent en deux bénéfices dont jouit la caution, le bénéfice de discussion et le bénéfice de division.

SECTION PREMIÈRE
Du bénéfice de discussion.

Le bénéfice de discussion est une faveur que la loi accorde à la caution, et qui a pour but de forcer le créancier de discuter les biens du débiteur principal avant de s'attaquer à la caution.

Son histoire en droit romain nous est connue, il est inutile d'y revenir.

Notre ancienne jurisprudence ne paraît pas l'avoir accueilli avec grande faveur. On n'en trouve aucune trace dans les très-anciens auteurs; Beaumanoir ne le mentionne point. Plus tard nous le voyons apparaître, mais les renonciations étaient extrêmement fréquentes, et même la coutume de Bourgogne (tit. 5, art. 3) l'abolit expressément. Les autres coutumes le conservèrent à titre d'exception dilatoire, mais elles en soumirent l'exercice à certaines conditions que nous aurons occasion de rappeler.

Enfin il a passé dans le code Napoléon (art. 2021) qui a pris soin de l'environner de certaines précautions, dont la plupart étaient nécessaires pour sauvegarder les intérêts du créancier et empêcher les fraudes qui auraient pu se commettre à son préjudice.

§ 1er. *Quelles cautions peuvent l'invoquer?*

Le principe est que toute caution peut, quand elle est poursuivie, renvoyer le créancier à discuter préalablement les biens du débiteur principal. Il existe cependant plusieurs cas dans lesquels la caution ne jouit point de ce bénéfice.

Le droit romain le refusait au fidéjusseur du débiteur absent (*nor.* 4). Cette exception, comme le remarquent fort bien Loysel et après lui Pothier (*Traité des obligations*, n° 409), ne peut plus se rencontrer chez nous, puisque selon notre procédure les assignations à domicile ont le même effet que si elles étaient faites à la personne elle-même.

Dans l'ancienne jurisprudence, le bénéfice de discussion ne pouvait pas être invoqué par les cautions pour les fermes du roi. Cela s'était introduit peu à peu sous ce prétexte que ces cautions étaient présumées secrètement être les associées du fermier débiteur principal (Poth., n° 408).

Sous l'empire du Code Napoléon, les cas dans lesquels la caution ne peut opposer le bénéfice de discussion sont les suivants.

1° **En matière commerciale**, la rapidité des affaires ne saurait permettre à la caution de contraindre le créancier à discuter d'abord le débiteur principal. Le préjudice serait souvent trop considérable, car on sait quelles conséquences rigoureuses entraîne pour un commerçant un simple retard de quelques jours. Cependant cette exception au droit commun ne se trouve écrite dans la loi que pour les *donneurs d'aval* ou cautions d'une lettre de change; l'article 142, du Code de commerce, les déclare *tenus solidairement et par les mêmes voies que les tireurs et endosseurs, sauf les conventions des différentes parties.* Faut-il étendre cette disposition aux cautionnements autres que l'aval? M. Pardessus (t. 2, p. 587) pense que le donneur d'aval seul est solidaire, et que les autres cautions peuvent opposer le bénéfice de discussion. Malgré cette autorité, il nous semble qu'on ne doit pas distinguer, et c'est l'avis de MM. Delamarre et Lepoitevin (t. 2, p. 561). Les raisons de refuser le bénéfice de discussion sont les mêmes, quelle que soit l'obligation cautionnée, pourvu que ce soit une obligation commerciale (1).

Mais il faut remarquer que ce que nous venons de dire n'est applicable qu'aux fidéjusseurs commerçants; si un non-commerçant cautionnait un commerçant en la forme ordinaire, il n'est pas douteux qu'il pourrait opposer le bénéfice de discussion.

(1) Cette solution est celle des anciens auteurs. « Varior, et mente » mercatorum magis accommodata, usuque recepta est altera opinio » contraria, sustinens obligationem principalem sine remedio excus- » sionis fuisse vigore hujusmodi verborum contractam. » (Casageris, Disc. 68, n°ˢ 12 et 14). — V. aussi Émerigon (t. 2, p. 531).

2° Ce bénéfice, aujourd'hui comme dans l'ancien droit, n'appartient pas à la caution judiciaire (Poth. n° 408. — C. N., art. 2042).

3° On le refuse encore à la caution du vendeur, lorsqu'elle a intenté contre l'acquéreur une action en revendication, que le défendeur repousse par cette maxime : *Quem de evictione tenet actio, eumdem agentem repellit exceptio;* la caution qui trouble l'acquéreur ne peut pas prétendre que celui-ci doive d'abord poursuivre en garantie le vendeur qu'elle a cautionné. Pothier (*Contrat de vente,* n° 177) nous donne très-clairement le motif de cette décision. La caution ne peut opposer le bénéfice de discussion que lorsque le débiteur principal peut acquitter la dette. Or, dans notre hypothèse, c'est la caution seule qui peut exécuter l'obligation de garantie, en renonçant à l'action qu'elle a intentée. Il est vrai que le débiteur principal pourrait payer des dommages et intérêts ; mais l'obligation de garantie ne peut être convertie en une dette de somme d'argent, tant que l'un des obligés peut fournir à l'acheteur la possession paisible de la chose en faisant cesser les actions en revendication intentées contre lui.

4° La caution n'a pas le droit de demander la discussion du débiteur principal, lorsqu'elle y a expressément renoncé ou s'est obligée solidairement.

A l'imitation du droit de Justinien, notre ancienne jurisprudence permettait cette renonciation, et on en faisait même un usage très-fréquent. Elle peut être expresse ou tacite ; expresse, quand les parties s'en seront formellement expliquées ; tacite, quand on doit l'induire de certaines expressions du contrat.

Un cas de renonciation tacite est celui où la caution s'est obligée *solidairement avec le débiteur principal* (art. 2021). En serait-il de même si elle avait déclaré s'obliger *comme débiteur principal?* Nos anciens au-teurs n'étaient pas d'accord sur le sens à donner à cette clause. La jurisprudence du parlement de Paris ne la considérait pas comme équivalant à une renonciation. Au contraire celle du parlement de Nor-mandie, que cite Basnage (*Hyp.*, ch. 4, p. 107), re-gardait ces expressions comme suffisantes. Pothier se range à cette dernière opinion qu'on doit adopter en-core sous l'empire de la législation actuelle. On doit, en effet, lorsqu'une clause est susceptible de deux sens, l'étendre dans celui qui peut lui faire produire quelque effet (art. 1157); or, si la caution, qui s'est obligée comme débiteur principal, jouissait du béné-fice de discussion, la clause insérée serait complète-ment inutile et n'ajouterait rien à la force de son en-gagement.

Mais on ne saurait induire la renonciation de cer-taines expressions vagues qui ne manifesteraient pas assez clairement l'intention des parties. Ainsi on ne devrait pas s'arrêter à des formules purement de style comme celle-ci : *promettant, s'obligeant et renonçant …. etc.* (Poth., n° 408, et Dum., *De usur.*, 9. 7, *in fine*). Pour qu'il y ait renonciation, il faut que les parties l'aient voulu, et que leur intention ressorte nettement de l'acte même.

Lorsque la caution renonce au bénéfice d'ordre, cette clause n'est pas censée s'appliquer à son certificateur. Ce dernier n'a fait que certifier la solvabilité de la caution ; il faut donc que le défaut de solvabilité soit constaté avant qu'on puisse le poursuivre. Toutefois ce point paraît avoir été fort controversé dans l'ancien droit, où nous trouvons des arrêts dans les deux sens.

Une autre exception au bénéfice de discussion est admise par M. Troplong (n° 235) sur la foi de quelques anciens auteurs. Voici dans quelle hypothèse. Le créancier est lui-même débiteur de la caution ; si celle-ci le poursuit, pourra-t-il lui opposer la compensation ? M. Troplong se décide pour l'affirmative ; il arrive par conséquent à trouver là un cas où la caution ne peut opposer le bénéfice de discussion, puisqu'elle se trouve avoir forcément payé avec sa créance. Cette thèse nous paraît bien difficile à accepter. On sait, en effet, que la théorie de la compensation légale s'est introduite dans notre législation par suite d'une erreur de Pothier qui avait cru qu'à Rome la compensation avait lieu de plein droit; c'était ainsi qu'il avait traduit les mots *ipso jure* des textes, tandis que ces expressions signifiaient simplement qu'il n'y avait pas besoin de permission du juge pour opposer la compensation. Aussi le système adopté par le Code Napoléon produit-il souvent des résultats fort préjudiciables, par exemple, celui de forcer le créancier à recevoir un payement partiel. Il faut donc se décider avec circonspection et repousser la compensation légale toutes les fois qu'on pourra le faire sans violer la loi. Ceci posé, la dette de la caution est-elle véritablement susceptible d'être compensée ? Nous ne le pensons pas : car il faudrait qu'elle fût exigible et elle ne l'est point. Non pas que nous lui donnions le caractère d'une dette conditionnelle ; non, ce n'est ni une dette conditionnelle, ni une dette à terme, mais on ne peut pas dire non plus que ce soit une dette purement exigible. La caution, si elle eût été poursuivie, aurait pu renvoyer le créancier à discuter le débiteur principal ; cette faculté n'est-elle pas suffisante pour empêcher la compensation ? D'ailleurs on ne peut pas imputer à la caution d'avoir réclamé ce qui lui était dû, et prétendre qu'elle a par là consenti à subir la compensation légale, à payer la dette du débiteur principal avec sa propre créance sans demander la discussion ; cela reviendrait à dire qu'elle aurait dû attendre les poursuites du créancier. Ce serait vraiment lui faire une singulière situation. Enfin les conséquences du système que nous combattons achèvent d'en démontrer la fausseté. Si l'on suppose que c'est postérieurement au cautionnement que la caution est devenue créancière du créancier, cette circonstance, à laquelle elle est peut-être étrangère, lui aurait fait perdre le bénéfice de discussion ! On ne saurait justifier un pareil résultat. Aussi croyons-nous qu'on doit repousser cette nouvelle exception pour s'en tenir à celles que nous avons signalées.

§ 2. *A quel moment la caution doit-elle invoquer le bénéfice de discussion ?*

Ce bénéfice étant une faveur, la caution doit déclarer si elle veut s'en prévaloir. L'action du créancier est valablement intentée, et, si la caution garde le silence, le procès suivra son cours sans qu'il soit question du débiteur principal autrement que comme défendeur intervenant, car elle peut l'assigner en garantie. Le juge ne peut donc pas suppléer d'office l'exception que la caution n'oppose pas. Il en était ainsi dans l'ancien droit, et Pothier (n° 410) cite d'après Bretonnier sur Henrys un arrêt du 1er septembre 1705 qui a jugé la question en ce sens; et aujourd'hui il n'existe sur ce point aucune difficulté.

Quelques auteurs ont soutenu qu'il fallait, pour que l'action du créancier contre la caution fût régulièrement intentée, qu'il eût mis préalablement le débiteur principal en demeure. On argumente des termes de l'article 2011 : « Celui qui se rend caution d'une » obligation, se soumet envers le créancier à satis» faire à cette obligation, *si le débiteur n'y satisfait* » *pas lui-même,* » et aussi des termes de l'article 2021 : « La caution n'est obligée envers le créancier à le payer *qu'à défaut du débiteur.*» — On en tire cette conséquence que le créancier doit, sinon poursuivre le débiteur, du moins constater le défaut de payement, ce qu'il fera en le mettant en demeure. L'engagement de la caution deviendrait ainsi un engagement conditionnel (MM. Delv., t. 3, p. 140, et Dur., t. 18, n° 331). C'est là, selon la plupart des auteurs, une fausse interprétation des articles 2011 et 2021. Si l'on suivait jusqu'au bout le raisonnement de MM. Delvincourt et Duranton, on arriverait à dire que le créancier ne peut pas, *omisso reo,* poursuivre la caution ; il devrait nécessairement s'attaquer d'abord au débiteur principal, sauf à recourir ensuite contre elle s'il n'obtenait pas son payement. Or cette conséquence qu'on devrait logiquement admettre est contredite par l'article 2022 qui déclare la caution déchue du bénéfice d'ordre si elle ne l'a pas opposé : l'action du créancier contre la caution est donc bien régulière. On voit par là qu'il ne faut pas prendre à la lettre l'article 2011. Les derniers mots de l'article, sur lesquels repose le système que nous combattons, signifient seulement que le créancier pourra agir lorsque le débiteur, devant payer, ne l'aura point fait ; et, pour qu'il doive payer, il n'est pas nécessaire qu'il ait été mis en demeure, *dies interpellat pro homine*. Quant aux expressions de l'article 2022, elles n'ont pour but que d'expliquer le bénéfice de discussion, et ne doivent pas être isolées de la fin de l'article (Merlin, *Rép.*, v° *Caution*, § 4, n° 1. — M. Ponsot, n° 33. — Zach., t. 3, p. 156. — M. Troplong, n₀ 232).

Il faut donc dire que, du moment que le débiteur principal ne paye pas à l'échéance, le créancier est bien fondé à poursuivre la caution, et l'on ne peut exiger de lui qu'il mette préalablement le débiteur en demeure.

Cependant si le débiteur n'était, suivant les termes de son engagement, obligé de payer qu'après une mise en demeure, le créancier devrait se conformer à cette clause du contrat. S'il y contrevenait, la caution le repousserait, comme aurait pu le faire le débiteur lui-même (art. 2036).

Voilà donc les parties en présence. Le créancier a introduit son action, ou commencé des poursuites en vertu d'un titre exécutoire. La caution peut lui opposer le bénéfice de discussion ; mais à quel moment doit-elle le faire? Elle doit, aux termes de l'art. 2022, requérir la discussion *sur les premières poursuites dirigées contre elle.* Cet article tranche en principe la difficulté qui s'était élevée à ce sujet dans l'ancien droit. Quelques auteurs voulaient que le bénéfice de discussion pût être opposé en tout état de cause, même en appel ; d'autres, et parmi eux Pothier, pensaient qu'il devait l'être avant la contestation en cause, et c'est ce dernier système que les rédacteurs du Code ont cru devoir consacrer. L'exception d'ordre est en effet une exception dilatoire ; elle tend, non pas à exclure entièrement l'action du créancier, mais à la différer jusqu'après la discussion. Il suit de là que la caution doit l'invoquer avant de défendre sur le fond, sinon elle serait censée y avoir tacitement renoncé. Cette règle a été admise dans notre article 2022 sur un fort judicieux amendement du Tribunat. « Le créancier, » a-t-on dit, ne doit pas être le jouet du caprice de la » caution ; il doit pouvoir achever la route dans la- » quelle le silence de la caution l'a laissé s'avancer. » (Fenet, t. 15, p. 28.)

Mais quel est précisément le sens de ces mots : *sur les premières poursuites?* Leur signification ressort des motifs mêmes qui ont fait adopter l'amendement. La caution a le droit d'invoquer le bénéfice de discussion, mais elle en est déchue aussitôt que, d'après sa conduite, le créancier a pu croire qu'elle acceptait le débat. C'est à tort qu'on entendrait l'article 2022 dans un sens restreint : l'intention est ici, comme dans beaucoup d'autres cas, le seul criterium qu'il faut suivre. Ainsi il peut se faire que les premières poursuites aient été suivies de plusieurs autres actes de procédure ou même d'exécution, sans que la caution ait nécessairement perdu le bénéfice d'ordre ; elle peut l'opposer, tant qu'elle n'aura pas agi d'une façon qui permette d'inférer une renonciation de sa part.

Cela posé, parcourons quelques espèces.

Si la caution est absente ou empêchée, et qu'elle n'ait pas pu connaître les poursuites, il est certain qu'elle pourra se prévaloir du bénéfice de discussion même après un jugement par défaut, même après une aliénation de ses biens sur saisie immobilière.

Mais, lorsqu'elle aura été condamnée contradictoirement, l'exception de discussion qui n'aurait pas été opposée en première instance, ne serait pas recevable en appel.

Il en serait de même, si la caution présente et non empêchée avait laissé prononcer la validité d'une saisie-arrêt pratiquée contre elle, ou faire la notification d'une saisie immobilière, et, à plus forte raison, si elle avait laissé procéder à la vente de ses biens.

Une hypothèse qui a donné lieu à plus de difficulté, est celle où la caution a commencé par nier sa qualité ou celle du débiteur principal. C'est bien là une défense au fond. Ne doit-on pas la déclarer déchue du bénéfice de discussion ? Un arrêt de la chambre des requêtes l'a décidé ainsi le 27 janvier 1835 ; le pourvoi qui était formé contre un arrêt de la cour de Douai fut rejeté par cette raison que cette cour n'avait fait qu'appliquer l'article 2022 du Code Napoléon. Nous ne voyons pas comment une pareille doctrine peut se soutenir, si au lieu de s'arrêter à la lettre de la loi on se laisse guider par son esprit.

D'après les principes que nous avons établis précédemment, cette question dépend d'une seconde.

La caution qui a nié sa qualité ou celle du débiteur principal peut-elle être regardée comme ayant renoncé à demander la discussion ? Non sans doute ; car, avant tout, il faut bien savoir s'il y a un débiteur principal, s'il y a une caution ; le cautionnement suppose une dette principale et le bénéfice d'ordre suppose une caution valablement obligée. Le défendeur peut de très-bonne foi nier la qualité du débiteur principal, et même la sienne propre, si l'on suppose que le cautionnement a été consenti par son auteur. Le créancier l'attaque en qualité de caution ; il a le droit de le repousser en soutenant qu'il n'est pas caution, ou bien que la dette principale est éteinte par le payement ou tout autre mode. S'il succombe dans cette prétention qui, nous le répétons, peut être de très-bonne foi, c'est alors qu'il aura, si bon lui semble, le bénéfice de discussion à opposer. Et cela est si vrai, qu'en l'invoquant dès l'abord, ce défendeur, qui conteste sa qualité, avouerait implicitement qu'il est obligé, et serait désormais non recevable à prétendre le contraire ; il se trouverait donc dans cette alternative, injuste autant que bizarre, de perdre le bénéfice de discussion, ou d'avouer un cautionnement qui peut-être n'existe pas. Un pareil système ne peut pas avoir été celui du législateur.

Néanmoins, parmi les auteurs dont nous suivons le

sentiment (1), nous ne croyons pas devoir accepter sans réserve l'opinion du savant professeur de procédure civile, M. Boitard. C'est sur l'article 186 du Code de procédure que M. Boitard s'occupe du bénéfice de discussion. Il réfute certains auteurs, d'après lesquels cette exception serait une de celles qui, aux termes de cet article, doivent être opposées *avant toutes défenses au fond*. Suivant lui, le bénéfice de discussion ne serait pas une exception dilatoire et ne serait pas même une exception. L'article 2022 du Code Napoléon n'aurait pas eu en vue le cas où la discussion est demandée sur une action en justice, mais seulement celui où elle est demandée sur un acte d'exécution pratiqué en vertu d'un titre exécutoire ou d'un jugement antérieur; et alors ce ne pourrait être une exception, puisqu'il n'y a pas d'action intentée. Quand le bénéfice d'ordre est opposé à une action, il constituerait bien une exception, mais non une exception dilatoire. Nous ne saurions adopter complétement cette théorie. Et d'abord, est-il permis de supposer que l'article 2022 ait un sens aussi restreint? «Le créancier, dit l'article, n'est obligé de » discuter le débiteur principal que lorsque la cau- » tion le requiert sur les premières poursuites diri- » gées contre elle. » N'est-il pas impossible d'exclure de cet article si général le cas où la discussion est apposée sur une action en justice ? Nous reconnaissons bien que le bénéfice de discussion n'est pas

______

(1) Merlin, *Rép.*, v° *Caution*, § 4, n° 1. — Delv., t. 3, p. 143. — Dur., t. 18, n° 335. — M. Troplong, n° 254. — M. Boitard, *Leçons de procédure civile*, n° 409.

toujours une exception dilatoire dans le sens techni-
que du mot, c'est-à-dire dans le sens de l'article 186
du Code de procédure. Nous venons de voir certains
cas où il serait inique de lui donner ce caractère, et,
d'ailleurs, si le débiteur principal est solvable, il
aura anéanti complétement l'action du créancier
contre la caution. Mais est-ce à dire que ce ne soit
jamais une exception dilatoire ? Supposons, par
exemple, que le défendeur prétende que le créancier
dmande trop, ou bien que celui-ci est son propre débiteur et qu'il y a compensation, il est bien certain qu'après de semblables défenses, la caution ne
pourra plus demander la discussion. Et cependant,
selon M. Boitard, elle pourrait toujours l'opposer en
tout état de cause sur une action en justice.

En résumé voici quel est notre système. Le bénéfice
de discussion est une exception dilatorie, en ce sens
qu'il a pour but de différer au moins l'exécution que
demande le créancier ; dans le sens restreint du mot,
ce n'est pas une exception dilatoire dans tous les cas :
il a ce caractère seulement lorsque les défenses au fond
produites par la caution impliquent nécessairement
de sa part renonciation au bénéfice. C'est ce dernier
point qu'il ne faut jamais perdre de vue.

Par suite de ce même principe, on doit déclarer la
caution recevable à invoquer le bénéfice de discussion
même après les premières poursuites, lorsqu'elle a opposé au créancier un défaut de qualité ou bien la nullité de l'assignation (Merlin, v° *Caution*, § 4, n° 1).

Il en serait de même, si les biens qu'elle veut faire

discuter n'étaient échus au débiteur que depuis les défenses sur le fond (1).

Du reste nous ne citons ces hypothèses que comme exemple et pour bien faire ressortir le principe que nous avons plusieurs fois rappelé.

Dans quelle forme le bénéfice de discussion doit-il être invoqué? Quand il y a demande en justice, il s'oppose par acte d'avoué à avoué, contenant les mentions prescrites par l'article 2023. S'il y a exécution extrajudiciaire, on peut l'opposer sur les commandements, saisies ou autres actes, soit immédiatement, soit après coup par exploit signifié au créancier, mais toujours avec les mentions et les offres prescrites.

§3. *Des conditions que doit remplir la caution qui oppose le bénéfice de discussion.*

La faveur qu'on accorde à la caution ne doit pas être un piége pour le créancier et lui occasionner des lenteurs et des frais inutiles. Aussi la loi a-t-elle pris soin d'organiser le bénéfice de discussion, de telle sorte que l'intérêt du créancier et celui de la caution se trouvent autant que possible conciliés, et pour cela elle impose à la caution qui veut s'en prévaloir certaines conditions que nous trouvons énoncées dans l'article 2023.

Ces conditions sont l'avance des frais et l'indication des biens à discuter.

1° *Avance des frais.* — La caution doit avancer des

(1) Poth., n° 440 ; — Merlin, v° *Caution*, § 4, n° 4 ; — Zach., t. 3, p. 157 ; — M. Troplong, n° 256.

En sens contraire, MM. Duranton, t. 18, n° 337, et Ponsot, n° 494.

deniers suffisants pour faire la discussion. Cette avance
des frais, déjà exigée dans l'ancien droit, mais seulement pour la discussion des immeubles (*Journal des
Audiences*, t. 1, l. 5, ch. 25 ; — Poth., n° 413), a été
de nos jours vivement critiquée, et pour notre part
nous nous associons à ces critiques, présentées sans
succès lors de la discussion du projet de loi par le tribun Goupil de Préfeln. Il est vrai que la discussion est
toute dans l'intérêt de la caution ; qu'elle lui donne
un répit et lui procure quelquefois un entier affranchissement. Il est encore vrai qu'elle ne profite pas
au créancier dont elle retarde le payement. Mais nous
ne voyons pas là une raison assez forte pour autoriser
le créancier qui plaide à puiser dans la bourse de la
caution qui ne plaide pas. D'abord n'existe-t-il pas
bien des cas dans lesquels le demandeur n'a pas droit
d'exiger que les frais lui soient avancés par celui dans
l'intérêt duquel il plaide ? C'est même là le droit commun ; pourquoi faire une exception à l'encontre de
la caution qui devrait, au contraire, être favorisée
plus que personne ? On doit prendre garde de rendre
complétement illusoire le bénéfice de discussion introduit dans une pensée d'équité, et c'est là que nous
conduisent en fait les rigueurs qu'on déploie contre
la caution. Au reste le créancier est-il bien réellement en péril ? Nous ne le pensons pas. L'avance
des frais n'est pas la seule condition que la loi impose
à la caution qui veut se prévaloir du bénéfice d'ordre.
Elle doit, en outre, indiquer les biens à discuter, et les
biens qu'elle indique doivent être d'une discussion facile. A nos yeux, c'est là une garantie suffisante que

la caution n'agira pas par pure méchanceté. Mais, dit-on, le créancier va se trouver obligé d'avancer des frais, peut-être fort considérables. La réponse est bien simple : si la caution n'avait pas demandé la discussion, il aurait avancé les frais nécessaires pour la faire condamner. Il ne sera donc pas pris au dépourvu ; car il a dû consacrer dès l'abord une certaine somme pour soutenir le procès. Peu lui importe qu'il l'emploie contre le débiteur ou contre la caution.

Nous pensons donc que la loi eût mieux fait de ne pas exiger l'avance des frais nécessaires pour discuter le débiteur (1). Le but a été dépassé ; on a voulu empêcher le créancier d'être le jouet de la caution, et on est arrivé à faire de la caution le jouet du créancier. « Celui-ci, quelque notoire que soit la solvabilité du » débiteur principal, ne manquera pas de poursuivre » immédiatement la caution pour, à l'aide de cette » ruse, l'assujettir à faire les avances de la discus-» sion » (Fenet, page 65).

Quoi qu'il en soit, l'art. 2023 est formel et nous devons nous y conformer. Toutefois la caution n'est tenue d'avancer les frais que l'orsque le créancier le requiert (Poth., n° 413).

S'il y a contestation pour savoir entre les mains de qui doivent se payer les avances ou bien quel en sera le montant, on s'adressera au tribunal qui fixera la somme à avancer, ou la personne entre les mains de qui l'argent devra être déposé.

(1) Remarquons même que le Code Napoléon est plus sévère que l'ancien droit. Autrefois l'avance n'était exigée que pour la discussion des immeubles, aujourd'hui elle l'est même pour les meubles.

2° *Indication des biens.* — La seconde condition imposée pour l'exercice du bénéfice de discussion, c'est l'indication des biens du débiteur principal que le créancier sera tenu de discuter. Dans l'ancien droit, il y avait certains biens que la caution n'était pas obligée d'indiquer : c'étaient les meubles qui se trouvaient dans la maison du débiteur ; le créancier connaissant le domicile de son débiteur connaît par là même la situation de cette sorte de biens. Mais pour les autres biens, soit meubles, soit immeubles, le créancier n'étant pas censé les connaître, ne pouvait pas être contraint à les discuter sans indication (Pothier, n° 411). Aujourd'hui l'indication est exigée même pour les meubles qui se trouvent dans la maison du débiteur ; notre article ne distingue pas.

D'ailleurs cette indication peut porter sur tous les biens du débiteur ou seulement sur une partie, pourvu qu'elle soit faite en une seule fois (Poth., n° 411, — *Arrêtés de Lamoignon, Des discussions,* art. 9, — Arrêt du 20 janvier 1701 rapporté par Bretonnier sur Henrys). On devrait même permettre à la caution d'indiquer après coup les biens qui seraient arrivés au débiteur principal depuis la première indication. Peu importe, au reste, que les biens indiqués soient ou non suffisants pour désintéresser entièrement le créancier. S'ils ne le sont pas, et que le créancier veuille éviter un payement partiel, il peut requérir la consignation du prix de vente jusqu'à l'acquittement du surplus par la caution.

La caution qui indique les biens à discuter doit, quant à la nature et à la situation de ces biens, se soumettre à certaines règles posées dans la fin de notre article 2023. Il est en effet des biens dont la discussion serait trop embarrassante et trop préjudiciable pour le créancier ; celui-ci ne doit pas être obligé de les discuter.

Par application de ce principe, la caution ne peut indiquer que des biens situés dans le ressort de la Cour impériale du lieu où le payement doit être effectué. Les rédacteurs du Code n'ont fait que reproduire la décision de Lamoignon dans ses arrêtés (*loc. cit.*). Pothier était d'un avis un peu différent ; selon lui, il suffisait que les biens indiqués ne fussent pas situés en dehors du royaume. Mais on a pensé, et M. Bigot-Préameneu en a fait l'observation, que la discussion des biens situés hors du ressort de la Cour impériale serait trop longue et trop dispendieuse.

C'est encore par suite du même principe que la caution ne peut indiquer des biens litigieux ; il ne serait pas juste que le créancier fût obligé, pour obtenir son payement, d'attendre le résultat d'un procès ou de l'intenter lui-même. A cet égard il a été jugé (Toul., 9 mars 1819) que les biens sont réputés litigieux quand ils proviennent au débiteur des successions indivises de ses père et mère.

De même les biens indiqués ne doivent pas être grevés d'hypothèques nombreuses qui les absorbent.

Enfin la caution ne pourrait indiquer des biens hypothéqués qui ne seraient plus en la possession du débiteur principal. Au Tribunat, cette dernière disposition fut, comme l'avance des frais, critiquée par le tribun Goupil de Préfeln. Il fit remarquer que la caution avait dû compter sur l'action hypothécaire ; en outre, une connivence entre le créancier et le débiteur était à craindre, si on permettait à celui-ci de rendre inutile le bénéfice de discussion en vendant ou en échangeant ses biens hypothéqués. Malgré ces observations, l'article fut adopté grâce au tribun Chabot, qui se fonda pour la repousser sur les contestations sans nombre que le créancier aurait à subir avec les tiers détenteurs.

Disons un mot, en terminant ce paragraphe, d'une question dont s'occupe Pothier au n° 412 de son *Traité des obligations*. Deux personnes se sont obligées solidairement, et l'une d'elles a donné un tiers pour caution. Cette caution pourra-t-elle renvoyer le créancier à discuter non-seulement le débiteur qu'elle a cautionné, mais encore l'autre débiteur solidaire ? Pothier se prononce pour l'affirmative, par cette raison qu'une dette doit, autant que possible, être payée par ceux qui ont profité du contrat ; *veniat primum ad eum qui aurum accepit, debitumque contraxit*, disait la Novelle de Justinien ; et il ajoute que, l'obligation de tous les débiteurs étant une même obligation, on peut dire que la caution de l'un est aussi *en quelque façon* caution des autres. Cette doctrine n'est guère admissible en présence de l'article 2030. En effet, si chacun des débiteurs solidaires avait donné séparément une caution, celle de Primus ne pourrait pas demander la division de la dette entre elle et la caution de Secundus. De plus, si Secundus payait la dette, il serait subrogé aux droits du créancier contre la caution de Primus et il aurait action contre elle pour moitié. Cette dernière objection pourrait donner naissance à un système intermédiaire, d'après lequel la caution de Primus aurait le droit de demander la discussion de Secundus au moins pour la moitié de la dette, c'est-à-dire pour la part que ce dernier doit définitivement supporter. Ce système doit être repoussé, car il est impossible d'accepter la solution à laquelle il aboutit. Ou bien la caution a le bénéfice de discussion, et alors elle l'a pour le tout ; ou bien elle est complétement privée ; mais elle ne peut pas en jouir pour partie.

§ 4. *Des effets du bénéfice de discussion.*

Une fois le bénéfice d'ordre invoqué en temps utile par la caution qui y a droit et qui a rempli les conditions prescrites, le créancier doit diriger ses poursuites contre le débiteur principal. Plusieurs hypothèses peuvent alors se présenter. Si la discussion a fourni une somme suffisante pour désintéresser le créancier, la caution se trouve libérée en même temps que le débiteur principal. Si elle n'a procuré au créancier qu'un payement partiel, la caution reste tenue pour le surplus. Si elle n'a rien produit, elle reste tenue pour le tout. Dans ces deux derniers cas, le créancier qui poursuivra de nouveau la caution devra apporter la preuve de l'insolvabilité partielle ou totale du débiteur ; cette preuve pourra résulter soit d'un procès-verbal de carence, soit de procès-verbaux de vente ou d'adjudication.

Il se présente ici une question fort grave pour la caution. Si on suppose que le cautionnement ne cou-

vre qu'une partie de la dette principale et que la discussion du débiteur ait fourni une somme insuffisante,
comment devra-t-on imputer cette somme? Sur la
portion cautionnée, ou sur celle qui ne l'est pas? La
caution poursuivie pour le surplus a évidemment intérêt à ce que l'imputation se fasse sur la portion
cautionnée; le créancier, au contraire, sur celle qui
ne l'est pas. La loi 68, § 1, *De fidej.* Dig. se décide en
faveur du créancier, et voici dans quelle espèce. Deux
personnes s'étaient portées fidéjusseurs pour un fermier des impôts. Le fisc créancier fit vendre les biens
du débiteur, et cette vente n'ayant pas fourni une
somme suffisante pour acquitter toute la dette, il pour-
suivit les deux cautions, tant pour les intérêts que
pour le capital. Celles-ci se prévalurent des termes de
leur obligation, et en effet elles n'avaient cautionné
que le capital, et non d'une façon générale toutes les
obligations dont pouvait être tenu le débiteur, *non in
omnem conductionem.* Elles prétendaient donc que la
somme obtenue devait s'imputer d'abord sur le capital et qu'elles n'étaient obligées de payer que l'excédant. Mais un décret de l'Empereur décida que
l'imputation se ferait d'abord sur les intérêts.

A première vue cela paraît inexplicable, et on serait
tenté de dire que cette loi contient une décision particulière aux cautions du débiteur du fisc (1). Il semble en effet bien extraordinaire que la somme obtenue soit imputée sur ce que ne doit pas la caution, et

______

(1) Les débiteurs du fisc devaient les intérêts alors même qu'ils ne
les avaient pas promis ; on aurait pu rattacher à cela la décision de
notre loi 68.

que ce soit là le droit commun (1). Cependant il n'y a là rien qui soit injuste ou illogique. Tant qu'on ne demande pas à la caution plus qu'elle n'a promis, elle n'a pas à se plaindre, et le créancier qui l'actionne dans cette limite ne doit subir aucune perte. Il n'y a donc pas de raison de faire exception à la règle générale d'après laquelle l'imputation se fait d'abord sur les intérêts (L. 5, § 2, *De solut.* Dig.; art. 1254, C. N.) Et d'ailleurs s'il n'en était pas ainsi, notre loi 68, ainsi que le remarque M. Ponsot, ne saurait s'expliquer : elle reconnaît que les cautions ne sont pas tenues des intérêts, parce qu'elles n'ont pas cautionné *omnem conductionem;* puis elle ajoute que néanmoins la somme reçue devra s'imputer d'abord sur les intérêts et non sur le capital. Il ne faut donc pas s'arrêter à cette idée que la caution ne doit que le capital : cela est vrai, aussi ne pourra-t-on pas lui réclamer davantage; mais elle ne serait pas fondée à prétendre que tout ce qui a été payé doit entrer en déduction de ce qu'elle doit.

Par là se trouve résolue une autre question à peu près semblable. La dette principale est de 10,000 fr.; la caution s'est engagée seulement pour 5,000 fr.; et la discussion fournit pareille somme; la caution est-elle encore tenue? Oui, car elle a garanti au créancier, jusqu'à concurrence de 5,000 fr., la portion qu'il ne pourrait pas obtenir du débiteur. C'est donc à tort qu'il a été jugé, par un arrêt du parlement de

(1) Aussi Cujas et Basnage (*Traité des Hypothèques,* ch. 3, p. 404, c. 2) regardaient-ils cette loi 68 comme une exception établie contre les **cautions** des débiteurs du fisc.

Paris, du 3 août 1709, que la somme payée doit s'imputer sur la portion de la dette garantie par la caution; d'après cela, avec les chiffres de notre espèce, la caution se trouverait complétement libérée.

Nous venons de voir les effets de la discussion opérée. Voici maintenant une conséquence qui peut résulter du fait seul de la caution d'avoir dûment opposé son bénéfice.

Quand la caution a indiqué les biens à discuter et fait les avances nécessaires, si le créancier laisse, par son retard à le poursuivre, le débiteur principal devenir insolvable, sur qui doit retomber cette insolvabilité? L'ancienne jurisprudence était partagée. Pothier pensait que le créancier pouvait revenir contre la caution, parce que la loi ne lui fixe aucun délai dans lequel il doive faire la discussion, si ce n'est celui des actions ordinaires. Pourvu qu'il discute le débiteur principal, la caution ne peut lui reprocher de ne pas l'avoir fait assez tôt. D'ailleurs elle pouvait poursuivre elle-même. Telle était l'opinion du barreau de Paris. Au contraire la coutume de Bretagne (art. 192) faisait en ce cas retomber l'insolvabilité du débiteur principal sur le créancier. Le Code Napoléon (art. 2024) s'est prononcé dans ce dernier sens.

Mais une condition essentielle pour que la caution puisse se prévaloir de cet article, c'est qu'elle ait fait l'avance des frais. En la recevant, le créancier a accepté le mandat de poursuivre, et il est en faute si le retard qu'il apporte à exécuter ce mandat rend infructueuses ses poursuites contre le débiteur. Si la caution n'avait pas avancé les frais, le créancier serait à l'abri de tout reproche.

L'insolvabilité antérieure à la demande de discussion retomberait sur la caution, et cela quand même elle aurait souvent averti le créancier du mauvais état des affaires du débiteur principal; car, tant que le bénéfice de discussion n'est pas opposé, le créancier ne peut pas être forcé de poursuivre le débiteur plutôt que la caution (Voët, *ad Pand.*, *De fidej.*, n° 38. — MM. Dur., n° 339; Dall. Rép., v° *Caut.*, n° 201).

De même la caution devrait supporter l'insolvabilité survenue au milieu des diligences du créancier, ou encore avant qu'il ait eu le temps nécessaire pour agir. Dans ce cas en effet il n'a pas été négligent, et ce n'est que sa négligence qui peut lui faire encourir la déchéance établie par l'article 2024.

SECTION II.

Du bénéfice de division.

Nous ne nous sommes jusqu'ici occupés que de l'hypothèse la plus simple, c'est-à-dire de celle où il n'y a qu'une seule caution. S'il en existe plusieurs, chacune d'elles, dans ses rapports avec le créancier, jouit, outre le bénéfice d'ordre, d'une autre faveur qui est le bénéfice de division : en l'invoquant, la caution poursuivie pour le tout fera diviser la dette entre les cofidéjusseurs. Elle aura intérêt à l'invoquer, surtout si elle n'a pu se prévaloir du bénéfice de discussion, soit parce qu'elle y avait renoncé, soit parce qu'elle n'a pu remplir les conditions exigées par la loi.

Quant à l'origine de ce bénéfice, nous l'avons vu prendre naissance dans la loi Furia et se transformer ensuite dans un rescrit d'Adrien. Notre ancienne jurisprudence l'admit comme elle avait fait pour le bénéfice de de discussion (Poth., n° 413).

De même que le bénéfice d'ordre, celui de division n'est qu'une faveur accordée à la caution. Dans la rigueur du droit, chacun des fidéjusseurs doit être tenu pour le tout ; car l'objet de l'obligation du fidéjusseur est et doit être le même que celui de l'obligation de débiteur principal. « Il est, dit Pothier (n° 415), de
» la nature du cautionnement de s'obliger à tout ce
» que doit le débiteur principal, et, par conséquent,
» chacun de ceux qui le cautionnent est censé con-
» tracter cet engagement, à moins qu'il ne déclare
» expressément qu'il ne s'oblige que pour partie. »
Il n'est donc pas exact de dire, comme le font certains auteurs, que ce caractère de l'obligation du fidéjusseur venait uniquement de la forme employée en droit romain, de la stipulation. Cette opinion est démentie par le § 4 de notre titre aux Institutes, et la loi 3, *De fidej.*, au Code (V. *Vinnius, Quœst. selectœ*, l. 2, c. 40).

Ce principe que les cautions sont tenues pour le tout, a passé dans notre article 2025, mais non sans difficulté. Dans le sein du Tribunat il y eut partage. Les uns acceptaient l'article du projet ; les autres auraient voulu qu'on lui substituât la règle posée dans l'article 1202, d'après laquelle la solidarité ne se présume pas et doit, pour exister, être stipulée expressément. Ceux-ci se fondaient sur le droit commun, dont il n'y avait pas, disaient-ils, en matière de cautionnement de raison de s'écarter. Dans leur opinion, la solidarité admise par le droit romain et l'ancienne jurisprudence dérivait uniquement des formes antiques de la stipulation. Cette doctrine fut avec raison repoussée, et nous croyons que le législateur, en écrivant l'article 2025, n'a fait qu'appliquer les vrais principes et n'a pas été entraîné par une aveugle imitation de ce qui se passait à Rome.

Il est vrai que l'article 2026 semble détruire la règle posée par l'article 2025 ; mais cette contradiction n'est qu'apparente. Il y aura lieu à appliquer la règle toutes les fois que le bénéfice de division sera paralysé en tout ou en partie par l'insolvabilité de quelques-unes des cautions. Si l'on eût établi une division de plein droit, cette circonstance n'aurait modifié en rien la situation, et chaque caution n'aurait jamais pu être tenue au delà de sa part, calculée d'après le nombre de tous les fidéjusseurs solvables ou insolvables.

De très-bons esprits (M. Troplong, n° 291) ont cru que l'article 2025 établissait entre les cautions une solidarité parfaite, et ils en ont conclu que les poursuites contre l'un des fidéjusseurs interrompaient la prescription contre les autres. Voici comment ils raisonnent. L'article 2025 établit que chaque caution est tenue *in solidum*, et c'est là précisément ce qui, aux termes de l'article 1200, constitue la solidarité. Les cautions sont donc entre elles, tant qu'elles n'ont pas usé du bénéfice de division, comme des débiteurs solidaires. Par conséquent il faut leur appliquer, quant à

l'interruption de prescription, les principes qui régissent ces derniers (art. 1206 et 2249). Nous pensons
que ce système exagère la portée de l'article 2025. Que
nous dit-on, en effet ? Que les cautions sont tenues
pour le tout, *in solidum*. Mais il n'en résulte pas qu'elles
soient solidaires, et c'est par là que pèche l'argumentation qu'on nous oppose. Nos adversaires prétendent
prouver qu'il y a solidarité par la combinaison de cet
article et de l'article 1200, d'après lequel « il y a so-
» lidarité de la part des débiteurs, lorsqu'ils sont obli-
» gés à une même chose, de manière que chacun puisse
» être contraint pour la totalité et que le payement
» fait par un seul libère les autres envers le créancier. »
Or, nous dit-on, c'est précisément ce qui arrive pour
pour les cautions. Cela est vrai ; mais il n'est pas
exact de dire que tous les débiteurs auxquels pourra
s'appliquer l'article 1200 seront des débiteurs solidaires. S'il en était ainsi, il faudrait déclarer solidaires
les débiteurs d'une dette indivisible, ce qu'on ne saurait admettre. D'ailleurs nous savons que la solidarité
ne se présume pas et doit être expressément stipulée.
L'est-elle dans notre article 2025 ? Non. La meilleure
preuve en est, que les partisans de la doctrine que nous
repoussons sont obligés d'avoir recours à d'autres
textes pour établir qu'il y a là une solidarité parfaite ;
car, nous le répétons, de ce que plusieurs personnes
sont tenues pour le tout, il n'en faut pas conclure que
ce soient des débiteurs solidaires dans toute la force
du terme.

Un mot encore. La solidarité qu'on voudrait établir entre les cautions serait évidemment une solida-

rité légale. Nous avons des textes qui l'établissent aussi dans d'autres hypothèses. D'après l'article 55 du Code pénal, sont tenus solidairement des amendes, restitutions, etc., les individus condamnés pour un même crime ou un même délit. Ici il n'y a pas de doute, le mot y est ; et cependant les auteurs sont partagés sur la question de savoir si l'on doit appliquer à ces personnes l'article 1206. C'est que toutes les fois qu'il y a solidarité légale, cette solidarité ne peut et ne doit être parfaite que lorsqu'il existe entre les débiteurs une sorte d'association, lorsqu'ils ont dû se connaître; dans le cas contraire, leur faire subir toutes les conséquences de la solidarité serait une injustice que la loi ne peut consacrer. Eh bien! les diverses cautions n'ont-elles pas pu ne pas se connaître ? N'a-t-il pas pu arriver qu'elles se soient obligées séparément?

Ces raisons nous semblent décisives ; aussi nous n'hésitons pas à adopter le sentiment de MM. Delvincourt (t. 3, p. 258) et Zachariæ (t. 3, p. 160, n. 15), qui enseignent que les poursuites contre l'une des cautions n'interrompent pas la prescription contre les autres.

§ 1er. *Quelles cautions peuvent l'opposer?*

Toute caution peut opposer le bénéfice de division, à moins qu'elle n'y ait renoncé (art. 2026). La renonciation peut être expresse ou tacite. Elle sera tacite quand les cautions auront déclaré s'obliger *solidairement et comme débiteurs principaux.* Mais une difficulté peut s'élever dans le cas où elles ont délaré s'obliger *solidairement,* sans ajouter *et comme débiteurs princi-*

paux. Ont-elles alors renoncé au bénéfice de division ? Une constitution de Sévère et d'Antonin (L. 3, *De fidej. Code*) décide que ces termes ne suffisent pas pour faire présumer la renonciation ; car, en s'obligeant *in solidum*, les fidéjusseurs n'ont rien ajouté à la force de leur engagement. Lors même que cette clause n'eût pas été insérée au contrat, ils n'eussent pas moins été tenus chacun pour le tout. Dès lors on ne peut pas dire qu'ils aient entendu s'obliger plus rigoureusement et renoncer au bénéfice introduit par Adrien. Nous ne pouvons accepter une pareille décision, et M. Troplong (n° 301) nous paraît y répondre d'une manière irréfutable par le dilemme suivant.

Ou bien les cautions ont entendu s'obliger solidairement avec le débiteur principal, et alors elles ne peuvent prétendre avoir conservé le bénéfice de division. Leur obligation doit être aussi étendue et aussi rigoureuse que celle du débiteur.

Ou bien elles ont entendu établir la solidarité, non pas avec le débiteur principal, mais entre elles ; alors il faut bien, pour donner un sens à la clause insérée, décider qu'elles ont renoncé à opposer le bénéfice de division. Elles ont voulu être entre elles dans la même situation que des débiteurs solidaires, et ceux-ci ne peuvent pas l'invoquer.

Nous croyons donc, avec la plupart des auteurs (MM. Ponsot, n° 209 ; Dur., n° 343 et 345), que la clause par laquelle les cautions se sont obligées *solidairement* vaut de leur part renonciation au bénéfice de division.

Mais faut-il dire, dans la même hypothèse, qu'elles

ont renoncé aussi au bénéfice de discussion (1)? On doit répondre négativement. En effet, rien ne prouve qu'elles aient entendu établir la solidarité entre elles et le débiteur principal, et nous ne sommes pas obligés de le supposer pour que la clause ait un effet, car elle aura toujours, comme nous venons de le voir, pour conséquence nécessaire la perte du bénéfice de division. Sur ce point nous sommes en désaccord avec MM. Ponsot (n° 209) et Dalloz (n° 210). Mais nous nous rallions à leur doctrine dans un cas particulier. Comme ici il s'agit d'interpréter la volonté des contractants, s'il apparaît d'une façon évidente que les cautions ont voulu renoncer au bénéfice d'ordre, il faudra bien reconnaître cet effet à leur convention. C'est ce qui arrivera si nous supposons que les diverses cautions se sont obligées successivement par des actes séparés. Primus, par exemple, la première caution, a déclaré s'obliger solidairement, et au moment où il s'est obligé, il était encore seul fidéjusseur. Il est de toute évidence qu'il a renoncé au bénéfice de discussion, car il n'y a pas moyen de donner à son engagement solidaire un autre sens que celui-là. La question n'est donc souvent qu'une question de fait, que les juges devront résoudre différemment suivant les circonstances.

(1) Dans notre première section relative à ce dernier bénéfice, nous ne nous sommes pas occupés de cette question, parce que nous ne supposions alors qu'une seule caution; il ne pouvait donc pas y avoir de difficulté, puisque la solidarité ne pouvait dans ce cas exister qu'entre le débiteur principal et la caution, et que d'ailleurs la division suppose toujours plusieurs fidéjusseurs.

Il existe encore d'autre cas où les cautions ne jouissent pas du bénéfice de division. En matière de commerce, le donneur d'aval étant réputé s'obliger solidairement ne peut pas l'invoquer.

L'ancien droit le refusait aux cautions judiciaires. L'article 2042 du Code Napoléon, moins sévère à cet égard, ne leur enlève que le bénéfice d'ordre, et nous sommes fondés à en tirer un argument *à contrario :* son silence, quant au bénéfice de division, prouve suffisamment qu'il est permis aux cautions judiciaires de s'en prévaloir.

Pothier nous apprend (n° 416) qu'on excluait aussi de ce bénéfice les cautions par les deniers royaux (*Le Bret, plaid., in fine*); et aussi, par application du droit romain (L. 10, § 2, *De fid.* Dig.), les cautions qui ont commencé par dénier de mauvaise foi leur cautionnement : « *inficiantibus auxilium divisionis indulgendum* « *non est,* » dit Ulpien. Ces deux exceptions ont disparu sous la législation actuelle.

Quant au certificateur de la caution, il peut opposer les mêmes exceptions que celui dont il a garanti la solvabilité, et par conséquent demander la division de la dette entre lui et les cofidéjusseurs de la caution qu'il a certifiée (1).

§ 2. *A quel moment doit-il être opposé?*

Le bénéfice de division étant une pure faveur que

(1) M. Duranton soutient que, pour que le bénéfice de division puisse être invoqué par la caution poursuivie, il faut qu'elle se soit obligée par le même acte que ses cofidéjusseurs. Mais il est bien difficile d'entendre en ce sens le texte des articles 2025 et 2026 (M. Poncot, n° 214).

la loi accorde à la caution, celle-ci, pour en jouir, doit la demander, et le juge ne pourrait pas la suppléer d'office. C'est la décision que donne Favre (*Code*, 8, 28, 55) contre une décision du Sénat de Chambéry de l'année 1594.

Il faut même décider que la caution ne peut pas se soustraire d'avance à l'action du créancier en lui offrant sa part dans la dette : « La division, a dit dans » son rapport le tribun Chabot, ne peut être deman- » dée qu'après que l'action a été formée par le créan- » cier, et, jusqu'à ce qu'elle soit demandée, toutes les » cautions restent responsables de chacune d'elles. » En effet la caution ne peut forcer le créancier à rece - voir un payement partiel, quand peut-être il obtien- drait le tout du débiteur ou d'une autre caution. D'ailleurs le bénéfice de division est une exception qui suppose nécessairement des poursuites (V. Fenet, t. 5, p. 53) (1).

Mais une fois l'action intentée ou les poursuites commencées, à quel moment la caution devra-t-elle demander la division ? Faut-il, comme pour la discus- sion, qu'elle la demande sur les premières poursuites ? L'article 2026 est muet sur cette question, sur la- quelle d'ailleurs nous ne croyons pas qu'on puisse élever aujourd'hui des doutes sérieux. La plupart des auteurs décident, et avec raison, que la caution peut de- mander la discussion, en tout état de cause et même en appel. C'est qu'en effet le bénéfice de division n'est pas, comme celui de discussion, une exception purement

(1) C'était aussi dans l'ancien droit l'avis de Dumoulin (*Tract. de div. et indiv.*, Pars., 2a, n°s 54, 55, 56), et de Pothier (n° 535).

dilatoire. Son but tend à repousser en partie l'action du créancier et non pas à la différer. Il serait peut-être même plus exact de dire avec M. Boitard (*Leçons sur la Procédure civile*, n° 411) que c'est une défense au fond dont on peut comme telle user en tout état de cause, même en appel. Quoiqu'il en soit, il est bien certain que ce n'est pas une exception dilatoire et que par conséquent il n'est pas nécessaire de l'opposer sur les premières poursuites. Ce point a été claire-ment établi par nos anciens jurisconsultes et entre au-tres par Vinnius (*Select. quæst.* L. 2, ch. 40) et Po-thier (n° 425). Seulement ils apportent à l'appui de cette thèse une loi romaine (l. 10, *C. de fid.*) qu'on ne peut plus regarder comme décisive depuis la décou-verte des Instituts de Gaius. Aussi ce n'est pas sans quelque étonnement que nous voyons M. Troplong reproduire l'argument que nos anciens docteurs ti-raient de cette loi. C'est une constitution de l'empe-reur Alexandre; elle porte ces mots : « *Ut dividatur actio inter eos qui solvendo sunt, ante condemnationem ex ordine, solet postulari.*

Les commentateurs avaient cru tout naturellement que *condemnatio* signifiait jugement de condamnation Nous savons aujourd'hui par les commentaires de Gaius que cette expression a un tout autre sens. La *condemnatio* est une partie de la formule par laquelle le préteur donnait au juge pouvoir de condamner le défendeur, si les prétentions du demandeur se trou-vaient justifiées (par exemple : Si paret... *judex C con-demna*). La loi 10 signifie donc que l'exception de di-vision doit être opposée avant que le préteur ait rédigé la *condemnatio* de la formule. Cette explication est d'autant plus plausible que le système formulaire existait encore sous le règne de l'empereur Alexandre. Il ne faut donc pas tirer de cette loi un argument pour prouver que la division peut être invoquée en **tout** état de cause. Il résulte même de ce que nous venons de dire qu'il en était tout autrement en droit romain. La division devait être demandée avant la délivrance de la formule ; et cela, parce que la *litis contestatio* opérant extinction, la dette tout entière reposait désormais sur la tête du fidéjusseur poursuivi qui ne pouvait plus en exiger la division entre lui et ses cofidéjusseurs, puisque ceux-ci étaient déjà libérés.

Et d'ailleurs il n'est pas besoin d'aller chercher si loin des démonstrations en faveur de notre thèse. Ne suffit-il pas de remarquer que la doctrine contraire enlèverait à la caution l'un des deux bénéfices, soit celui d'ordre, soit celui de division? Si la caution devait se prévaloir de celui-ci sur les premières poursuites, elle serait déchue du bénéfice d'ordre car elle ne pourrait plus l'opposer *in limine litis*, comme le veut l'article 2022. A l'inverse, si, comme elle le doit, elle opposait le bénéfice de discussion sur les premières poursuites, elle perdrait par là le bénéfice de division. La loi n'a pas pu vouloir une pareille inconséquence.

Ajoutons qu'il n'est pas à craindre que la caution tarde trop longtemps à demander la division. Cela serait évidemment contraire à son intérêt ; car plus elle tarde, plus elle s'expose à supporter les insolvabilités de ses cofidéjusseurs, qui retombent sur elle tant qu'elle n'a pas invoqué le bénéfice de division.

Jusqu'ici nous avons supposé que le créancier intente une action en justice. S'il poursuit en vertu d'un titre exécutoire, jusqu'à quel moment la caution pourra-t-elle se prévaloir du bénéfice de division? Quand il s'agissait du bénéfice de discussion, nous avons décidé que la caution ne pouvait plus l'invoquer lorsqu'elle avait laissé valider une saisie-arrêt ou notifier une saisie immobilière, et *a fortiori* lorsqu'elle avait laissé vendre le bien saisi. Lui permettre de l'invoquer plus tard, c'eût été exposer le créancier à des inconvénients trop graves. Quant au bénéfice de division, cela n'est pas à craindre; car les poursuites auront toujours été utiles au créancier pour la part de la caution dans la dette, et le retard que la caution aura mis à demander la division n'aura pu être nuisible qu'à elle, car elle seule pendant ce temps aura eu à courir les chances de l'insolvabilité des autres. Nous pensons donc, comme MM. Troplong (n° 298); Dalloz (n° 206) et Pousot (n° 222), et contrairement à M. Duranton (n° 348) que la caution peut se prévaloir du bénéfice de division même après la vente des biens saisis, tant que les deniers n'ont pas été distribués.

Au reste, il est à remarquer que la caution peut avoir un motif légitime de l'invoquer même à ce moment. Il peut se faire que son silence ait eu pour cause l'impossibilité de payer sa seule part dans la dette sans subir les actes d'exécution faits par le créancier (*Arrêt du parl. de Bordeaux de juil.* 1519 — *Papon*, l. 2, t. 4, n° 22). Elle y gagnera de n'être pas forcée de recourir ensuite contre ses cofidéjusseurs et de se mettre à l'abri des insolvabilités qui surviendraient postérieurement.

§ 3. — *Entre qui la division peut-elle être demandée?*

Les personnes entre lesquelles la caution demande que la dette se divise doivent être des cofidéjusseurs du même débiteur et des cofidéjusseurs solvables. Cela résulte de la combinaison des articles 2025 et 2026.

Du premier point, que la division s'opère entre les cautions d'un même débiteur, *non solum ejusdem summæ*, dit Doneau, *sed etiam ejusdem debitoris*, on doit conclure qu'une caution ne peut pas la demander entre elle et son certificateur, pas plus que le débiteur principal entre lui et sa caution (L. 27, § 4, *De fid. Dig.* — Poth., n° 418). Mais elle pourrait être demandée sans difficulté entre les certificateurs de la même caution, ou entre une caution et le certificateur de l'autre.

Ici se présente, à propos du bénéfice de division, une question analogue à celle que nous avons examinée plus haut en étudiant le bénéfice d'ordre. Deux débiteurs solidaires ont donné chacun séparément une caution au créancier; la caution de Primus est-elle fondée à demander que le créancier divise son action entre elle et la caution donnée par Secundus? C'est l'hypothèse que prévoit Papinien dans la loi 51, § 2, *De fidej. au Dig.* Nous la déciderons comme lui négativement, en suivant Pothier (n° 419) et M. Ponsot (n° 2.3). La raison que donne Papinien est celle-ci : Le créancier ne peut être forcé de diviser son action entre tous les fidéjusseurs, mais seulement entre ceux qui ont cautionné le même débiteur; *sed inter eos duntaxat qui pro singulis intervenerunt.* Cette solution est encore la seule acceptable aujourd'hui car l'article 2025 suppose pour qu'il y ait lieu à opposer le bénéfice de division, que plusieurs personnes se sont rendues cautions d'un *même débiteur.* Il ne suffit donc pas qu'elles aient cautionné la même personne (1).

La division ne peut être demandée qu'entre les fidéjusseurs solvabl s. C'est une seconde règle qui découle de l'article 2026.

Il faut examiner d'abord dans quels cas on peut dire que la caution est solvable. Elle le sera, lorsqu'elle présentera des garanties suffisantes pour acquitter sa portion dans la dette. Tel est le principe. En voici quelques applications.

La caution, quoique n'étant pas solvable par elle-même, sera censée l'être si elle a un certificateur solvable : *Vires sequentis fidejussoris ei aggregandæ sunt* (L. 27 § 2, *De fid. Dig.*).

Que décider si le fidéjusseur demeure à l'étranger ? C'est une question de fait : il faudra voir s'il n'y aurait pas trop d'incommodité pour le créancier à le poursuivre. Si, par exemple, ses biens étaient situés à l'étranger, il faudrait le regarder comme insolvable. Que s'il a en France des biens suffisants pour acquitter la dette, peu importe qu'il soit domicilié à l'étranger.

L'incapacité d'une des cautions doit-elle être assi-

____

(1) En sens contraire, M. Troplong, n° 306.

milée à son insolvabilité ? En d'autres termes, une caution est-elle en droit de demander la division des actions entre elle et son cofidéjusseur mineur ou femme mariée non autorisée ?

Nous avons vu qu'en droit Romain on faisait supporter tout le fardeau de la dette au fidéjusseur capable, lorsque son cofidéjusseur était une femme. La raison qu'on en donnait ne peut pas servir aujourd'hui à résoudre la question ; car la nullité de l'obligation, contractée par la femme sans l'autorisation de son mari, n'est qu'une nullité relative, tandis qu'en droit romain l'obligation contractée par elle au mépris du sénatus-consulte Velléien était frappée d'une nullité radicale. Quant au mineur, nous savons que Papinien (l. 48, *De fidej. Dig.*) l'assimilait à un insolvable seulement dans le cas où son cofidéjusseur, s'étant engagé en même temps que lui, aurait pu compter sur lui et espérer qu'il ne se ferait pas restituer. Contrairement à cette décision de Papinien, Pothier pense que dans tous les cas l'incapacité d'une caution doit avoir le même effet que son insolvabilité. Nous nous rangeons à cet avis. Le cofidéjusseur du mineur, de la femme mariée a pu prévoir aussi bien la restitution que l'insolvabilité, et on peut même dire que le créancier en exigeant deux cautions a voulu se garantir contre le danger que lui fait courir l'incapacité de l'une d'elles (Poth. n° 424).

Si l'une des cautions est obligée purement et simplement, et l'autre à terme ou sous condition, la première pourra demander la division des poursuites ; mais le créancier pourra revenir contre ell eafin de

lui faire payer le surplus, si la condition ne s'accomplit pas, ou si, lors de l'arrivée du terme ou de l'ac·
complissement de la condition, l'autre caution se
trouve être insolvable,

A quel moment doit s'apprécier la solvabilité?
Elle doit, aux termes de l'article 2026, s'apprécier au
moment où l'une des cautions *fait prononcer* la division. Cet article est trop explicite pour qu'on puisse
admettre l'opinion de certains auteurs d'après lesquels elle s'apprécierait au moment où la division est
demandée. Ce qui a causé cette erreur, c'est un passage de Pothier (n° 420) où il est dit qu'après la division, le créancier ne pourra pas revenir contre la
caution qui l'a obtenue, quoique son cofidéjusseur
soit devenu insolvable *depuis la contestation en cause.*

On aurait dû remarquer que Pothier reproduit un
texte de Papinien, la loi 51, § 4, et que les mots, *depuis la contestation en cause,* ne sont autre chose que
la traduction littérale de ces expressions de Papinien :
post litem contestatam. Au surplus, dans un autre passage, Pothier s'exprime d'une façon bien précise,
(n° 426) : « Avant que cette division de la dette ait
» été prononcée par le juge....., chacun des fidé-
» jusseurs est véritablement débiteur du total de la
» dette....., mais depuis que la division de la dette
» a été prononcée, la dette est tellement divisée
» que, quand même l'un des fidéjusseurs devien-
» drait depuis insolvable, le créancier n'aurait aucun
» recours..... etc. ».

§ 4. — *Effets de la division prononcée sur la demande de la caution.*

La division se fait entre les cautions solvables au moment où elle est prononcée. L'insolvabilité de l'une d'elles, antérieure à ce moment, augmente d'autant la part des autres. Si elle n'arrive qu'après la division prononcée, la situation des autres cautions ne change point et c'est le créancier qui supporte la perte.

La preuve que les autres cautions sont insolvables doit être faite par le créancier, car la loi ne met à l'exercice du bénéfice de division aucune condition ; la caution n'est pas tenue d'indiquer les biens de son cofidéjusseur, comme elle est tenu d'indiquer ceux du débiteur principal, quand elle demande au créancier de les discuter préalablement. Elle n'est même pas obligée de faire l'avance des frais destinés à poursuivre ses cofidéjusseurs, et cela par cette raison que le bénéfice de division est moins préjudiciable au créancier que le bénéfice d'ordre et qu'il est moins à craindre que la caution ne l'oppose par pure méchanceté. D'ailleurs, une fois la division obtenue, elle ne doit payer que sa part dans la dette. Cependant, s'il arrive que les autres cautions discutées sur la demande de la première soient insolvables, le créancier pourra recourir contre celle-ci, tant pour la part des autres dans la dette que pour les frais de discussion qu'il a dû avancer. Cette hypothèse est possible, car on a pu, quoique à tort, regarder les autres cautions comme solvables, ou bien le créancier a pu ne pas établir suffisamment leur insolvabilité, et les juges ont, en conséquence, prononcé la division.

Ajoutons qu'en cas de contestation sur la solvabilité des autres cautions, celle qui est poursuivie peut, en offrant sa part, demander que le créancier les discute ; mais alors cette discussion se ferait aux risques et périls de cette caution (L. 10, *De fid.*, *Dig.* — Poth. n° 422).

Si la caution, au lieu de se prévaloir du bénéfice de division, paie la totalité de la dette ou une somme excédant sa part, il faut appliquer l'article 2025 et dire que la caution étant tenue pour le tout ne pourra pas répéter l'excédant contre le créancier. C'est ce que décide avec raison Pothier (n° 426) qui ne fait d'ailleurs que reproduire la décision donnée par la loi 49, § 1, *De fidej.* *Dig.* Ce résultat aura lieu aussi bien dans le cas où la caution paie sans avoir été poursuivie que dans celui où elle aurait été actionnée par le créancier.

Enfin, sur les effets du bénéfice de division opposé par la caution, il nous reste à parler d'une hypothèse qui peut présenter des difficultés. Si la caution qui demande la division avait payé auparavant une partie de la dette, peut-elle imputer sur la part dont elle est tenue, la somme déjà payée ? Rigoureusement on devrait dire qu'elle ne peut demander la division que de la somme qui reste due. Mais si les cofidéjusseurs sont solvables, cette décision serait trop dure pour la caution. Aussi Papinien (l. 51, § 1) et Pothier (n° 426) décident-ils que la caution pourra imputer ce qu'elle a **payé** sur la part dont elle est tenue dans la dette.

§ 5. *De la division consentie par le créancier et de ses effets.*

La loi tout en établissant que chacune des cautions est tenue *in solidum* pour la dette cautionnée leur accorde le droit de demander la division. Cette division a lieu alors malgré le créancier. Mais il peut se faire que le créancier consente de lui-même et spontanément à diviser ses actions et renonce ainsi à la solidarité. C'est de cette division volontaire dont nous allons nous occuper pour compléter nos développements sur le bénéfice de division.

Cette division volontaire peut être expresse ou tacite.

Elle sera tacite quand le créancier aura reçu divisément la part de l'une des cautions. Doit-il en être de même au cas où le créancier a poursuivi pour sa part et portion l'un des cofidéjusseurs? Si nous n'avions que l'article 2027, la solution ne serait pas douteuse, car le créancier *a lui-même et volontairement divisé son action.* Mais ne faut-il pas prendre ici en considération l'article 1211 d'après lequel le créancier n'est pas censé remettre la solidarité à l'un des débiteurs par la simple demande formée contre lui pour sa part, *si celui-ci n'a pas acquiescé à la demande ou s'il n'est pas intervenu de jugement de condamnation?* La règle de l'article 1211 a été puisée dans le n° 277 du traité des obligations de Pothier, qui pourtant, quand il s'agit de cautions, décide a n° 420 (1) que la demande de la part suffit pour qu'il

(1) Contrairement à Doneau sur la loi **23,** *C. de fid.*, n° **4** (t. IX, c. **1422**).

y ait remise de la solidarité. Faut-il voir entre ces deux passages de Pothier et par suite entre les article 1211 et 2028 du Code Napoléon, une contradiction véritable ? Non. Les deux articles reçoivent leur application, mais dans des hypothèses distinctes. Quand la caution aura renoncé au bénéfice de division en s'obligeant solidairement, l'article 1211 devra s'appliquer, et, pour que la dette soit divisée, il faudra qu'il y ait eu acquiescement à l'offre du créancier ou jugement de condamnation. Si au contraire la caution s'est obligée purement et simplement, sans promettre autre chose que la solidarité légale, on devra dire, conformément à l'article 2027, que la seule demande du créancier opèrera la division. Cette conciliation admise par tous les auteurs nous fournit un argument de plus à l'appui d'une thèse que nous avons soutenue sur l'article 2025, dans la question de savoir, si les poursuites contre l'une des cautions interrompent la prescription contre les autres. Ce que nous venons de dire montre bien en effet qu'il ne faut pas exagérer cette idée, que la caution est tenue pour le tout, et lui appliquer indistinctement toutes les dispositions de la loi relatives aux débiteurs solidaires. On ne peut le faire qu'en vertu d'un texte formel et l'article 2025 ne les ayant pas déclarées tenues solidairement dans toute l'étendue du mot, il faudra qu'elles l'aient dit elles-mêmes dans leur contrat pour qu'on les soumette à toutes les conséquences si rigoureuses de la solidarité.

Si le créancier n'a consenti à la division de la dette qu'à l'égard de l'une des cautions, il conservera bien entendu le droit de poursuivre les autres pour le tout, déduction faite de la part de la première.

Quant à la conséquence de cette division spontanément consentie par le créancier, la voici : il supportera non-seulement les insolvablités qui seraient postérieures à la division, mais encore celles qui seraient survenues auparavant. La division se fera donc entre toutes les cautions solvables ou insolvables. Et cela est parfaitement juste, car le créancier, en divisant lui-même la dette en faveur d'une des cautions, doit être regardé comme ayant renoncé à la rechercher pour les insolvabilités existantes au moment où il a consenti à cette division (Art. 2027 et Poth. n° 420).

CHAPITRE DEUXIÈME.

EFFETS DU CAUTIONNEMENT ENTRE LE DÉBITEUR PRINCIPAL ET LA CAUTION.

Dans les rapports entre la caution et le débiteur, les effets du cautionnement se résument dans les recours que la caution peut exercer contre ce débiteur. En général ce recours ne lui appartient que lorsqu'elle a payé, mais, par exception, elle peut quelquefois agir avant d'avoir rien déboursé. Dans ce dernier cas ce n'est pas un véritable recours, car il n'y a pas eu de préjudice éprouvé ; mais après tout ces deux actions aboutissent au même résultat, d'empêcher la caution de supporter un dommage par suite du cautionnement.

Aussi nous les étudierons toutes les deux sous le même chapitre, qui se trouvera par là divisé tout naturellement en deux sections.

SECTION PREMIÈRE.

Du recours de la caution qui a payé.

La caution, en payant la dette, rend service au débiteur principal ; il est donc juste qu'elle se fasse rembourser par lui la somme qu'elle a payée au créancier. C'est là une conséquence de ce principe que nul ne doit s'enrichir aux dépens d'autrui. Il en était ainsi en droit romain, où le fidéjusseur avait contre le débiteur principal les actions *mandati* ou *negotiorum gestorum ;* on avait même admis que la caution pouvait se faire céder les actions du créancier afin de rendre son recours plus efficace. Les rédacteurs du Code Napoléon ont, à peu de chose près, reproduit la législation romaine.

Notons dès à présent que, dans le cours de nos développements sur cette matière, nous supposerons toujours que la caution n'a pas en s'obligeant entendu faire une libéralité, qu'elle n'est pas intervenue *animo donandi ;* car cette intention de sa part exclurait toute possibilité de recours.

§ 1er *A quelles conditions la caution peut-elle exercer son recours?*

La première condition c'est qu'elle ait payé la dette ; mais il importe fort peu, ainsi que le remarque Pothier (n° 430), qu'elle l'ait payée sur une sentence de condamnation ou volontairement et sans **poursuite** ; dans les deux cas, elle a procuré au débiteur principal sa libération, et il doit lui rembourser ce qu'elle a dé pensé pour l'obtenir.

Il faut ici prendre le mot paiement dans le sens large du mot *solutio* en droit Romain. Ainsi il y a payement, si le créancier a consenti à recevoir autre chose que ce qui lui était dû ; c'est le cas de la *datio in solutum;* de même s'il est intervenu entre le créancier et la caution une novation ou une compensation de telle sorte qu'elle ait éteint la dette en en contractant une nouvelle ou en perdant sa créance.

Mais devrait-on assimiler au payement la remise de la dette faite à la caution par le créancier? C'est là une question fort complexe, et dont la solution varie suivant les circonstances.

Établissons d'abord le principe. Le recours de la caution contre le débiteur suppose que celui-ci a été libéré, ou tout au moins que la caution a subi un pré-judice dont elle peut demander réparation. Nous pouvons donc écarter le cas, où le créancier, en faisant à la caution une remise gratuite, s'est expressé-ment réservé son action contre le débiteur principal. La caution n'a rien dépensé ; elle n'a pas libéré le débiteur : aucun recours ne peut lui appartenir.

La difficulté commence, si l'on suppose que le créan-cier ne s'est pas réservé son action. Il importe alors d'examiner si cette remise a libéré le débiteur. Sur ce point, si on prenait à la lettre l'article 1287, on di-rait qu'un pareil résultat ne peut pas se produire. Ce-pendant, il est des cas dans lesquels il est impossible

de donner à l'acte fait par le créancier une interprétation qui restreindrait à la caution le bénéfice de la
remise. Ainsi il peut résulter des termes mêmes de
l'acte que la remise, quoique ne s'adressant qu'à la
caution, portait vraiment sur la dette elle-même. Les
circonstances qui ont accompagné la remise peuvent
encore prouver que l'intention du créancier était de
libérer aussi le débiteur principal. Enfin si la décharge
a eu lieu au moyen de remise du titre original sous
seing privé, il est bien clair que le créancier n'a pas
voulu conserver son action contre le débiteur, puisqu'il a abandonné le titre en vertu duquel il pouvait
le poursuivre. Pothier est formel en ce sens pour le
cas où la remise du titre a été faite à l'un de plusieurs
débiteurs solidaires (Poth. n° 572. — Contrà : quelques auteurs cités par Brunemann *ad leg.* 2, *De pact.*)
Les raisons de décider ainsi sont les mêmes quand
il s'agit d'une caution et d'un débiteur principal.

L'article 1287 n'est donc pas aussi général qu'on
pourrait le croire (M. Marc. sur l'art. 1287). Toutefois on devra l'appliquer, quand il n'apparaîtra pas
clairement que le créancier ait voulu libérer le débiteur : par exemple, s'il a remis à la caution non pas
le titre constatant à la fois la dette principale et le
cautionnement, mais celui qui ne constatait que le
cautionnement.

Reprenons successivement les deux cas, celui où le
débiteur reste obligé et celui où il cesse de l'être.

Quand le débiteur reste obligé, il est certain que la
caution n'a pas de recours à exercer si la remise a été
gratuite ; car d'une part, elle n'a procuré aucun

avantage au débiteur, et de l'autre, elle n'a subi aucun préjudice. Mais il peut se faire qu'elle ait acheté sa libération, qu'elle ait donné au créancier une certaine somme pour être déchargée de son engagement ; alors elle pourra réclamer au débiteur la somme déboursée, car elle doit être rendue complétement indemne des suites de l'obligation qu'elle a contractée comme mandataire ou *negotiorum gestor* du débiteur principal.

Dans le cas où la remise a profité au débiteur, il faut faire la même distinction. Cette remise a-t-elle été faite à titre onéreux ; la caution pourra recourir, mais seulement pour la somme déboursée, laquelle peut être inférieure au montant de la dette. A-t-elle été purement gratuite ; la caution n'a pas de recours. Cette doctrine, qui est celle de **M. Marcadé**, n'est pas admise par tous les auteurs. Quelques-uns, et des plus éminents (1), soutiennent que la remise gratuite est un don de la créance ; par conséquent celui à qui elle est faite se trouverait avoir contre ses coobligés tous les droits que le créancier donateur avait lui-même. C'est là ce que nous contestons. Si la créance a été donnée, transmise à l'un des coobligés, elle continue de subsister à son profit pour toute la partie qui n'a pas été éteinte par confusion Il n'y a donc pas eu extinction par remise de la dette ; il y a eu transport-cession d'une partie de la créance par donation, L'action du donataire serait donc non pas un recours, mais l'exercice pur et simple de la créance qui n'a pas cessé d'exister. Il y aurait eu une donation propre-

(1) MM. Dur., t. XI, n° 227, et Troplong, n° 336.

ment dite qui serait soumise aux formes spéciales des
dispositions à titre gratuit. Or, ces formes n'ayant pas
été observées, il n'est pas possible que la remise ait
été une véritable donation de la créance ; et, si telle
a été la volonté des parties, toujours est-il qu'elles ne
l'ont pas manifestée selon le vœu de la loi. La nature
du recours vient corroborer cette argumentation. « Le
» recours n'est, dit M. Marcadé, qu'une action en in-
» demnité, qu'un recouvrement d'impenses ; » de là
il suit qu'il ne peut pas avoir lieu quand la remise a
été gratuite, et que, dans le cas d'une remise à titre
onéreux, la caution ne peut recourir que pour le montant des sommes déboursées par elle.

Une seconde condition pour que la caution ait un
recours, c'est que le payement ait été bien fait. Si
elle avait négligé par sa faute d'opposer des moyens
de défense dont le débiteur eût pu se prévaloir (1),
toute action lui serait refusée. Et cela, lors même
qu'il s'agirait d'un de ces moyens « qu'on ne peut,
dit Pothier, opposer honorablement, » par exemple
la prescription. En pareil cas, la caution trop scrupu-
leuse doit mettre en cause le débiteur principal; de
cette façon sa conscience sera tranquille et ses intérêts
sauvegardés.

D'autres hypothèses peuvent se présenter, dans lesquelles la caution aura manqué de prudence, et par
suite n'aura pas géré utilement l'affaire du débiteur.
L'article 2031 en prévoit deux.

(1) Quant à ceux qui étaient personnels à la caution, on ne peut
lui reprocher de ne pas les avoir opposés (L. 29, § 6, Mand., *Dig.*
— Pothier, n° 435).

1re *hypothèse* (2031, 1er al.) — La caution a payé sans en avertir le débiteur principal, qui, ignorant l'extinction de la dette, paie une seconde fois. Elle est en faute : « *Dolo enim proximum est*, dit Ulpien (l. 29, § 3, *mand.*), *si post solutionem non nuntiaverit debitori.* » Elle n'aura donc pas de recours contre le débiteur, et ce sera à elle à intenter contre le créancier une action en répétition.

2e *hypothèse* (2031, 2e al.) — Le débiteur ayant payé, la caution, sans être poursuivie et sans avoir averti ce dernier, paie de nouveau. Ici encore elle est en faute; mais on exige une condition de plus que dans la première hypothèse. Il faut que la caution ait payé spontanément, sans être poursuivie: elle ne serait pas responsable du défaut d'avertissement si elle avait payé sur les poursuites exercées contre elle par le créancier. Certains auteurs (MM. Delv. t. 3, p. 145; Dur., t. 18, n° 357 et Zach., t. 3, p. 163, n. 7), soutiennent que la nécessité de l'avertissement est absolue et que la caution, poursuivie ou non, doit subir les conséquences de son silence imprudent. Il nous semble que l'article 2031 ne saurait se prêter à une semblable interprétation. Et d'ailleurs la caution n'est pas en faute, quand, étant poursuivie, elle a payé pour se soustraire aux voies d'exécution et à la saisie de ses biens. Le débiteur était peut-être absent ou éloigné, et pendant qu'elle se serait mise à sa recherche, les poursuites auraient continué leur cours. Il est donc dans ce cas équitable de lui accorder une action. Du reste qu'elle raison y aurait-il de protéger le débiteur aux dépens de la caution? C'est lui qui est en faute, il devait la prévenir qu'il avait payé et que la dette était éteinte (1). Au contraire quand la caution vient spontanément payer le créancier, elle est en faute de ne s'être pas informée préalablement auprès du débiteur, elle aurait ainsi connue le payement déjà effectué par lui et n'aurait pas mal à propos acquitté une seconde fois la dette. Elle n'aura donc pas de recours, mais on lui accordera, comme dans le premier cas, une action en répétition contre le créancier (V. en ce sens : Domat, *Lois civiles*, l. III, t. IV, s. 3, § 7 ; — Poth., n°ˢ 437 et 438 ; — MM. Troplong, n° 382 et Ponsot, n° 249).

Nous avons vu qu'en droit romain certains jurisconsultes refusaient tout recours à la caution qui était intervenue malgré le débiteur principal ; d'autres lui accordaient une action *negotiorum gestorum utilis* ; mais Justinien fit prévaloir le premier système. Cette question est encore agitée sous l'empire du Code Napoléon. Néanmoins, nous n'hésitons pas à décider que, si cette caution paie la dette, elle pourra agir contre le débiteur, car elle lui a rendu service en éteignant son obligation, et, comme les libéralités ne se présument pas, on ne peut pas dire qu'elle se soit engagée *animo donandi*. Quant au montant de ses réclamations, il existe encore entre les auteurs des divergences que nous signalerons plus loin.

(1) Aussi pensons-nous qu'on ne devrait pas accorder de recours à la caution qui, sur les poursuites du créancier, a payé une seconde fois sans avertir le débiteur, dans le cas où elle serait intervenue à son insu ; car le débiteur ne pouvait pas la prévenir du paiement, et c'est elle qui est en faute de n'avoir pas pris des informations auprès de lui (Poth., n° 437).

§ 2. *De l'étendue du recours.*

La règle est que la caution pourra se faire rembourser tout ce qu'elle a dépensé pour le débiteur principal ; elle ne doit rien gagner, mais aussi il est juste qu'elle ne perde rien.

Prenons l'hypothèse la plus générale, celle où la caution a payé la dette. Aux termes de l'article 2028 elle pourra réclamer :

1° Le capital tel qu'elle l'a payé. Il est bien entendu que, si le débiteur est en état de faillite, elle devra subir la même réduction que les autres créanciers.

2° Les intérêts qu'elle a payés au créancier, si la dette en produisait.

3° Les intérêts de ses déboursés. Mais à partir de quel moment? Elle y a droit du jour où elle les aura faits. L'opinion contraire, émise incidemment par Pothier (n° 440). d'après laquelle elle n'aurait droit aux intérêts de ses déboursés que du jour de sa demande en justice, n'est pas acceptable aujourd'hui. En effet, de deux choses l'une : ou la caution est mandataire, ou bien elle est *negotiorum gestor* du débiteur principal. Si elle est son mandataire, l'article 2001 ne laisse place à aucun doute : le mandataire a droit aux intérêts de ses avances, du jour de ces avances constatées. Si elle est un *negotiorum gestor,* sa position doit être la même, car l'art. 2028 ne distingue pas (Dans l'ancien droit Domat, l. III, t. IV, s. 3, § 2, donnait la même décision. — V. aussi M. Marcadé sur l'art. 1375, et un arrêt de la Cour de Caen, du 7 août 1840). Ainsi, la circonstance que la caution s'est obligée à l'insu du débiteur principal n'empêche pas qu'elle ne puisse réclamer les intérêts de ses déboursés du jour du payement.

4° Les frais qu'elle a supportés sans sa faute. D'après notre article 2028, elle est en faute, quand elle n'a pas dénoncé les poursuites au débiteur principal qui aurait pu en prévenir la continuation en payant lui-même. Mais du jour où elle a dénoncé les poursuites, tous les frais qu'elle aura été obligée de supporter postérieurement devront lui être remboursés. Il serait même équitable de lui permettre de réclamer les frais faits avant la dénonciation, si cette dénonciation n'a pas été trop tardive.

5° Les frais déjà dus par le débiteur et qu'elle a payés au créancier conformément à l'article 2016.

6° Enfin des dommages-intérêts, s'il y a lieu. La caution doit être indemnisée des pertes qu'a pu lui causer son bon office, et il n'est pas juste qu'elle souffre un dommage pour avoir rendu service à autrui. C'est ce que dit l'art. 2100 pour le mandataire, et on est fondé à en faire ici l'application.

Notre article 2028 contient une légère erreur de rédaction. Cette phrase, « La caution *n'a de recours que pour les frais faits par elle* » semblerait exclure les frais qui n'ont pas été faits par elle, mais qu'elle a dû payer parce que le débiteur les devait déjà et qu'ils étaient un accessoire de la dette principale. Aussi un grand nombre d'auteurs ont-ils proposé de lire ainsi l'article : « La caution *n'a de recours quant aux frais faits par elle que pour ceux faits depuis...* etc. ». On peut sans inconvénient accepter une rectification aussi inoffensive. D'ailleurs il ne s'agit que d'une inexactitude dans la rédaction de l'article ; quant au fond, il ne peut pas y avoir matière à difficulté.

§ 3. *Par quelles actions la caution peut-elle exercer son recours ?*

Les actions par lesquelles la caution peut recourir contre le débiteur principal sont de deux sortes : les unes lui appartiennent de son chef, les autres comme subrogée aux droits du créancier qu'elle a désintéressé.

1. *Actions qui appartiennent à la caution de son chef.* — Le plus souvent la caution aura reçu du débiteur mandat de cautionner la dette. Son droit prend alors naissance dans le contrat de mandat qui a eu lieu et qu'elle a exécuté, et elle aura ce qu'on appelait en droit romain l'*actio mandati contraria*, par laquelle, comme mandataire, elle se fera rembourser tout ce qu'il lui en a coûté pour exécuter son engagement (Art. 1999 et 2000). *

Quand le débiteur principal, sans avoir donné à la caution mandat de cautionner la dette, a connu son intervention, doit-on dire encore qu'elle aura une action de mandat ? Le droit romain et Pothier admettaient qu'il y avait alors un mandat tacite. Le Code semblerait, si l'on s'en tenait au texte de l'article 1985 ne pas avoir adopté ce système ; nous y voyons, en effet, que le mandat peut être donné par écrit ou verbalement, et que l'acceptation peut n'être que tacite ; ce qui exclut le mandat tacite. Mais il n'est pas permis de supposer que notre droit, si ennemi des formes rigoureuses et sacramentelles, ait exigé des paroles pour la perfection du contrat de mandat. Il est vrai que cette interprétation de l'article 1985 pourrait être corroborée par l'article 1372, d'après lequel il y a gestion d'affaires non-seulement quand le maître a ignoré, mais encore quand il a connu la gestion. Sur ce point voici ce qu'on peut dire. Il y aura gestion d'affaires, quand le maître aura eu la volonté de s'y opposer sans en avoir les moyens, ou bien quand il ne l'a connue que tardivement ; on ne saurait alors prétendre qu'il a entendu approuver ce qui s'est fait en son nom. Appliquant ces idées à la matière du cautionnement, nous dirons que la caution est un mandataire lors même qu'elle n'aurait reçu aucun mandat exprès, pourvu que le débiteur ait eu connaissance de son intervention et n'ait pas eu l'intention de s'y opposer. Au surplus, il importe peu de savoir s'il y a eu mandat ou gestion d'affaires ; l'action *negotiorum gestorum*, qui est en général moins étendue que l'action de mandat produit ici les mêmes effets (Art. 2028, al. 1 ; — MM. Aubry et Rau sur Zachariæ, t. III, p. 162, n° 3).

Si la caution s'est obligée à l'insu du débiteur principal, elle est un *negotiorum gestor* et c'est en cette dernière qualité qu'elle pourra recourir contre lui (Art. 1375).

Nous avons dans un précédent paragraphe admis en principe le recours de la caution qui s'est obligée malgré le débiteur principal. Elle exercera ce recours

par une action de gestion d'affaires. **M. Mourlon**
(*Traité des subrogations*, p. 408) fait la distinction
suivante. Si la résistance du débiteur est le résultat
d'un entêtement ridicule, la caution aura recours
comme un véritable gérant d'affaires; mais si la résistance du débiteur était fondée, elle n'aurait qu'une
sorte d'action *de in rem verso* par laquelle elle pourrait recourir seulement dans la limite du profit procuré au débiteur. Ainsi, dit M. Mourlon, elle n'aura
droits aux intérêts de ses déboursés qu'à partir du
jour de sa demande en justice, bien qu'ils soient dus
à une caution ordinaire du jour du paiement (1). **La**
distinction qui précède, repose sur des bases trop dif-
ficiles à établir. Comment en effet, apprécier si la résistance du débiteur était ou non légitime? Les tribu-
naux décideraient d'après les circonstances, mais il
y aurait nécessairement l'arbitraire le plus absolu.

II. *Actions qui appartiennent à la caution comme
subrogée aux droits du créancier.* — Indépendamment
du recours que la caution peut exercer de son chef,
la loi lui permet d'agir par les actions du créancier
auxquelles elle est légalement subrogée en vertu des
articles 1251, 3° et 2029. Déjà en droit romain il
avait paru équitable de lui fournir ces actions afin
de rendre son recours plus efficace; pour cela il
fallait que le créancier les lui cédât, et elle devait
demander cette cession au moyen de l'exception *cedendarum actionum*. Mais, comme il parut aux juris-

----

(1) V. dans le même sens, Zach., t. 3, p. 162 et 163; — M. Duranton (n° 317) refuse toute action personnelle, mais il soutient
qu'elle pourra recourir au moyen de la subrogation légale.

consultes romains que, le paiement ayant éteint la dette, les actions du créancier ne pouvaient plus subsister, ils imaginèrent de dire qu'il n'y avait pas eu un véritable paiement mais une sorte d'achat de la créance, *quodammodo nomen debitoris vendidit.*

Notre ancienne jurisprudence accepta les idées romaines quant à l'obligation où se trouvait le créancier de céder ses actions à la caution qui le désintéressait. Mais la loi suppléait au refus du créancier; et transférait les actions à celle-ci quand elle en avait requis la cession. Si elle omettait de la demander avant le paiement, elle ne pouvait plus se faire subroger par la suite, la créance étant éteinte avec tous ses accessoires. Il y avait donc encore un danger pour la caution; le seul moyen d'y remédier était de la subroger de plein droit. Dumoulin, devançant les idées de son époque, fit tous ses efforts pour faire prévaloir le système nouveau (V. sa première leçon donnée à Dôle). Mais il eut le tort de s'appuyer sur les textes du droit romain qu'il tâcha d'expliquer dans un sens favorable à sa thèse, mais qui lui étaient évidemment contraires. L'ancienne théorie continua donc à être suivie par les auteurs et les arrêts. (V. Poth. n° 280).

Voilà pour l'historique. Abordons maintenant la législation actuelle; et d'abord établissons bien la nature et les caractères de la subrogation, afin de soulever plus aisément les difficultés que présente la matière.

Comme les jurisconsultes romains, les auteurs modernes ont été embarrassés pour concilier avec l'idée de paiement, c'est-à-dire d'extinction de la dette, celle de remplacement du créancier par un autre, c'est-à-dire de survie de la créance. Cette contradiction a donné lieu dans la doctrine à une divergence remarquable.

Quelques auteurs, parmi lesquels nous trouvons Merlin et Marcadé, ont proposé de dire que la créance était éteinte, mais que les accessoires subsistaient pour venir s'ajouter à la créance du *solvens* contre le débiteur qu'il a libéré. Ce système paraît concilier à merveille l'extinction de la dette avec la transmission des actions du créancier. Néanmoins et malgré les imposantes autorités sur lesquelles il s'appuie, nous croyons, ainsi que l'enseigne notre excellent maître, M. Valette, que la subrogation transporte au subrogé non-seulement les accessoires mais la créance tout entière.

La subrogation, en effet, peut se décomposer en deux opérations, l'une réelle, l'autre fictive. Au fond, il y a un paiement et c'est pour cette raison que la loi s'en occupe sous cette rubrique de l'extinction des obligations. Mais pour assurer le recours de celui qui a payé on suppose que la créance survit au paiement, et on lui fournit sans aucune exception *tous* les droits du créancier; c'est ce que dit formellement l'article 1250, 1° (*droits, actions, priviléges ou hypothèques.....*). Ainsi, dans les rapports du débiteur avec le créancier, il y a eu un véritable paiement; le créancier a reçu son paiement et il a entendu le recevoir : à son égard, on ne pourra donc jamais prétendre que l'opération est une cession. Il en résulte qu'il ne sera pas tenu des obligations d'un cédant. Par exemple, si on suppose un paiement par erreur, il faudra appliquer l'article 1376 et non pas l'article 1693, et dire que le créancier ne devra pas garantie, qu'il sera tenu seulement de rembourser ce qu'il a indûment reçu. De même quand le créancier n'aura reçu qu'un paiement partiel, celui qui a payé ne pourra venir lui opposer la subrogation et prétendre concourir avec lui. Si l'on supposait au contraire que le *solvens* eût acheté la moitié de la créance, le cédant et le cessionnaire ayant un droit égal devraient venir au marc le franc; mais en cas de subrogation partielle, comme à l'égard du créancier il y a paiement et non pas cession, ce créancier, passera pour ce qui lui reste dû avant le subrogé. C'est ce qu'exprimaient les anciens auteurs en disant : *Nemo censetur subrogarre contra se* (Art. 1252).

La subrogation n'a pour but que d'assurer le recours de celui qui a payé ; de là découle cette conséquence, qu'il ne peut agir que dans la limite de ses déboursés, car c'est dans cette limite qu'on lui a cédé l'ancienne créance avec toutes ses prérogatives. Et cela est juste ; le subrogé ne spécule pas ; quand il paie, c'est pour rendre service au débiteur. Il en est autrement quand il s'agit d'un véritable cessionnaire ; celui-là peut exercer la créance cédée dans toute son étendue lors même qu'il aurait déboursé une somme inférieure au montant de la créance dont il est devenu cessionnaire.

Cette cession n'est donc que fictive et c'est l'équité qui l'a fait admettre. Mais il n'est pas exact de dire qu'elle ne porte que sur les accessoires de la créance. Elle porte sur la créance elle-même, comme le disent bien clairement les textes du droit romain, *quodammodo nomen debitoris vendidit*. Et c'est ici que se rencontrent les différences qui séparent les deux systèmes. Nos adversaires pensent que la subrogation n'est qu'une attribution faite au subrogé des hypothèques, priviléges et cautionnements de l'ancienne créance; quant aux autres prérogatives telles que la compétence, la contrainte par corps, le titre exécutoire, elles ne passent pas au subrogé. Et en effet, si l'on considère la dette comme éteinte même à l'égard du subrogé, celui-ci ne pourra recourir que par les actions qui lui appartiennent personnellement comme mandataire ou *negotiorum gestor*. Or, on pourra bien faire passer à cette action les sûretés qui ne sont pas attachées exclusivement à la personne du créancier; mais il serait impossible de lui attribuer des accessoires tellement personnels que la compétence du tribunal, le titre exécutoire ou la contrainte par corps. Dans notre système, au contraire, tous les accessoires, quels qu'ils soient, passent au subrogé avec la créance qui ne se trouve éteinte qu'à l'égard du créancier.

La caution peut, avons nous dit, recourir contre le débiteur principal en exerçant les actions du créancier. Mais la subrogation lui est-elle plus ou moins avantageuse que l'action personnelle? Cela dépend des circonstances. La subrogation pourra lui être plus utile, car elle lui procure toutes les garanties dont jouissait le créancier. D'un autre côté l'action per-

sonnelle peut être plus profitable que la subrogation ;
par exemple, lorsque la caution réclame des dommages et intérêts ou les intérêts de ses déboursés ; de
même encore si elle a payé au créancier des presta-
tions susceptibles de se prescrire par cinq ans, car
alors, par la subrogation, elle ne pourrait réclamer
que celles échues depuis moins de cinq ans.

La subrogation accordée à la caution, n'étant,
comme nous l'avons vu, qu'une simple concession
d'équité, ne doit pas être rétorquée contre le créancier. Nous avons déjà posé la règle ; expliquons-la par
un exemple. Primus est créancier de Secundus de
10,000 fr. et la créance est garantie par une hypothèque. De plus Paul a cautionné le débiteur. Paul paie
au créancier 5,000 fr.; il est jusqu'à concurrence de
cette somme subrogé à l'hypothèque de Primus.
Celui-ci, de son côté, reste créancier hypothécaire
de 5,000 fr. Comment les colloquera-t-on ? Paul ne
pourra pas prétendre venir en concours avec le créancier, sous ce prétexte qu'ils poursuivent tous les deux
en vertu de la même hypothèque ; celui ci lui ré-
pondrait : « Si la loi vous subroge, c'est qu'elle suppose une convention entre nous. Or, si sur votre
demande je vous avais consenti une subrogation conventionnelle, je l'aurais fait seulement dans le but de
vous rendre service et cela ne devrait pas me
nuire. » Si donc l'immeuble hypothéqué se ven-
dait seulement 8,000 fr., le créancier viendrait d'a-
bord se payer de ses 5,000 fr. et la caution n'aurait
que les 3,000 fr. restants.

Mais cette préférence accordée au créancier ne doit

pas être admise pour des créances autres que la portion qui reste due. Exemple ; Primus, déjà créancier de 10,000 francs avec hypothèque, devient par la suite créancier de 20,000 francs et une nouvelle hypothèque est donnée sur le même immeuble. Cette hypothèque est inscrite le même jour que celle qui garantit la première dette. Paul paie au créancier les 10,000 fr.; il sera subrogé pour le tout à la première hypothèque, et, comme elles ont été toutes deux inscrites le même jour, Primus et Paul devront être colloqués entre eux au marc le franc. Si l'on supposait que l'hypothèque garantissant la créance de 20,000 francs n'a été inscrite que la seconde, Paul subrogé à celle de la première créance devrait passer avant Primus (Cass. 27 nov. 1832).

La caution exerçant les droits du créancier ne peut agir que comme aurait pu le faire le créancier lui-même ; elle ne pourra réclamer par la subrogation que les sommes qui étaient dues à celui-ci et qu'elle lui a payées. C'est donc à tort que M. Zachariæ soutient qu'elle peut répéter, en vertu de la subrogation, le capital, les intérêts, *les dommages-intérêts et les frais faits contre le débiteur*. C'est là confondre l'action *mandati* avec la subrogation et M. Troplong (n° 371) signale avec beaucoup de justesse ce qu'a causé l'erreur du savant professeur d'Heidelberg : « Cette erreur, dit- » il, vient d'une autre erreur accréditée par quelques » auteurs, qui, dans des parallèles plus ingénieux que » solides, ont prétendu que la subrogation diffère de » la cession en ce que celle-ci transfère la créance elle- » même, tandis que celle-là n'en transfère que quel-

» ques prérogatives. » Nous nous trouvons ainsi avoir
par avance réfuté ce système en exposant notre théorie sur la nature, les caractères et les effets de la subrogation.

Mais la caution subrogée aura-t-elle tous les droits
du créancier sans aucune exception? Les articles
1250, 1° et 2029 paraissent bien formels en ce sens
« La caution, dit ce dernier article, qui a payé la dette
est subrogée à *tous les droits* qu'avait le créancier contre le débiteur. » Néanmoins on conteste que le droit
de demander la résolution de la vente pour défaut de
paiement du prix passe, en vertu de la subrogation, à
la caution de l'acheteur. Certains auteurs lui refusent
ce droit ; et la raison qu'ils en donnent, c'est que la
faculté de faite résoudre le contrat pour défaut de paiement du prix est un droit principal, distinct de la
créance, et qui par conséquent ne doit pas passer avec
elle au subrogé. M. Mourlon (*Subr*. p. 37 et 412) réfute victorieusement ce système. Le droit de résolution n'est pas autre chose qu'un droit sanctionnateur
de la créance du prix ; il en est une garantie, un accessoire, et il doit la suivre et passer comme elle à celui
à qui elle est transmise. Et d'ailleurs ce droit ne peut
être conservé par le vendeur désintéressé ; il s'étein-
drait donc par le fait du paiement du prix de vente
tandis que la créance survivrait par suite de la subrogation. Aucun texte n'autorise une pareille conséquence. Il faut donc s'en tenir aux termes des articles
1250, 1° et 2029 et accorder à la caution subrogée
tous les droits qui appartenaient au créancier, en y
comprenant même le droit de résolution (MM. Trop-

long, n° 373, et Pousot, n° 260: Amiens, 9 nov. 1825).
Cependant, comme la subrogation ne peut pas unire
au créancier, ce droit de résolution ne pourra pas
s'exercer malgré lui, s'il blesse ses intérêts. Nous dirons
en conséquence que la caution qui a payé des ferma-
ges échus ne peut pas à elle seule demander la résolution du bail, car le créancier peut avoir intérêt à ce
qu'il soit maintenu.

Lorsque le créancier, voulant faire remise de la
dette, a donné à la caution une quittance sans avoir
rien reçu d'elle, cette caution peut-elle se prévaloir
de la subrogation? Dans notre opinion la question ne
peut pas s'élever, car nous pensons que la remise gratuite faite à la caution, de façon à libérer en même
temps le débiteur, ne peut pas servir de base à un
recours, parce que la libération n'a rien coûté à la caution. Il y aurait là, comme nous l'avons montré, une
cession gratuite de la créance, et on n'a pas employé
les formes auxquelles sont soumises les dispositions
à titre gratuit.

Une question analogue se présente à propos des
rentes perpétuelles. La caution d'une rente, stipulée
non remboursable pendant un certain temps, en a
opéré le remboursement, par suite d'une faveur du
créancier qui a consenti à le recevoir avant l'expiration du terme. Sera-t-elle fondée à refuser le remboursement que voudrait lui en faire le débiteur principal? Nous ne le pensons pas, car, comme le dit très-
bien M. Pousot (n° 258), la subrogation que la loi accorde à la caution n'a pas pour but de l'enrichir
mais de la protéger contre des chances de perte,

La subrogation fait passer à la caution tous les droits du créancier. Comme conséquence de ce principe, on doit admettre qu'elle lui procure même les hypothèques, priviléges et autres sûretés qui seraient postérieures à son engagement. On pourrait rigoureusement objecter que la caution n'a pas dû comptes sur des sûretés qui n'existaient pas à l'époque de son obligation (1) ; mais on peut répondre qu'elle a pu espérer que le créancier ne se contenterait pas des sûretés primitives et s'en ferait donner de nouvelles.

§ 4. — *Contre quelles personnes la caution peut-elle agir ?*

La caution qui a reçu mandat ou géré l'affaire de plusieurs débiteurs doit avoir recours contre chacun d'eux, car ils sont tous obligés envers elle. Mais quel sera le montant du recours ? La caution pourra-t-elle recourir contre chacun pour sa part et portion ou pour le tout ? L'article 2030 résout la question dans le cas où il s'agit de débiteurs solidaires. Conformément aux principes du mandat (art. 2002,) il décide que chacun d'eux est tenu pour le tout envers la caution.

S'il s'agissait de débiteurs simplement conjoints, il faudrait dire que la caution ne pourrait réclamer à chacun que sa part et portion, soit qu'elle agisse par l'action de mandat, soit qu'elle exerce l'action du

______

(1) Dumoulin (*Prima lectio Dolaria,* n°s 35 et 36), touché de cette raison, refusait à la caution les sûretés postérieures au contrat de cautionnement.

créancier. Et d'abord quant à l'action personnelle, la caution ne peut pas prétendre qu'ils sont tenues envers elle chacun pour le tout. L'article 2002 ne pourrait pas s'appliquer; car, la dette se divisant entre les débiteurs, on ne peut pas dire que l'affaire soit commune à tous. C'est comme si la caution avait cautionné chacun d'eux pour la part dont il est tenu. Quant à la subrogation, il est encore plus évident que la caution ne saurait s'en prévaloir pour réclamer le total, car elle n'est investie que des droits du créancier, et celui-ci ne pouvait pas poursuivre pour le tout l'un des débiteurs.

Mais que décider si la caution a cautionné un seul des débiteurs solidaires? A-t-elle le droit d'agir pour le total contre ceux qu'elle n'a pas cautionnés? La plupart des auteurs ne lui permettent de recourir contre eux que pour leur part dans la dette. C'était dans l'ancien droit l'avis de Pothier (n° 281 et 440), et ce système est encore le meilleur aujourd'hui. En effet, la caution prétendrait-elle recourir pour le tout par l'action personnelle? Mais elle n'a point été en rapport avec les codébiteurs de celui qu'elle a cautionné; elle ne peut avoir contre eux de son chef qu'une action de gestion d'affaires, résultant du profit qu'elle leur a procuré en les libérant. Se présenterait-elle comme exerçant les droits de son débiteur en vertu de l'article 1166? Mais ce débiteur qu'elle a cautionné n'aurait pu, s'il avait payé, réclamer à chacun des autres que leur part et portion (art. 1213 et 1214). Viendrait-elle comme subrogée aux droits du créancier? Il est vrai qu'il aurait pu demander le

tout à chacun des codébiteurs, mais celui que la caution poursuivrait pourrait lui répondre : « Admettons,
si vous le voulez, que vous ayez le droit de me demander le tout, en votre qualité de subrogée aux droits
du créancier. Mais, si je vous paie le tout, je serai à
mon tour subrogé à ces mêmes actions contre vous,
car la subrogation a lieu tant contre les cautions que
contre les débiteurs (art. 1252); je pourrais donc immédiatement vous réclamer tout ce qui excède ma
part dans la dette. Il y aurait là un circuit d'actions
qui occasionnerait une perte de temps et des frais
inutiles. Il vaut donc mieux que vous ne recouriez
contre moi que pour ma part » (1) (MM. Zach. t. 3,
p. 162; Troplong n° 379; Ponsot n° 261). M. Duranton (t. 18 n° 355) n'adopte pas tout-à-fait ce système. Selon lui, ce droit de recourir pour le tout
pourrait résulter d'une subrogation conventionnelle
consentie par le créancier; car, dit-il, la caution ne
doit pas être moins bien traitée qu'un tiers, et, si un
tiers avait payé la dette en se faisant subroger, il aurait recours pour le tout contre chacun. Cet argument
serait décisif, s'il n'y avait pas de différence entre un
tiers et la caution. Celui-là n'est point obligé, celle-ci
au contraire a contracté un engagement qui peut lui
être opposé par quiconque se trouve subrogé aux
droits du créancier. Au reste il ne serait pas logique
de faire produire à la subrogation conventionnelle
plus d'effets qu'à la subrogation légale.

(1) On pourrait ajouter un argument *à contrario* qui, s'il eut été
seul, n'aurait pas eu, il faut le reconnaître, une bien grande valeur.
L'art. 2030 ne parlant que du cas où la caution a cautionné *tous* les
débiteurs exclut celui où elle n'a cautionné que l'un d'eux.

DEUXIÈME SECTION.

De l'action que la caution peut exercer même avant d'avoir payé.

Il existe des cas dans lesquels la caution peut agir contre le débiteur principal, même avant d'avoir acquitté la dette. Elle peut avoir une juste crainte d'être inquiétée, et il est alors équitable de lui permettre de poursuivre le débiteur afin qu'il prévienne ce préjudice imminent. Le code appelle cette action *une action en indemnité;* la dénomination n'est pas exacte, car une indemnité suppose un dommage, et il n'y en a pas encore. Cette sorte de recours anticipé avait été admise dans les lois romaines (L. 38, *mand. Dig.*, et 1. 10 *mand. code*) qui furent suivies par notre ancienne jurisprudence (Domat, l. iii, t. IV s. 3; Pothier n° 441); le Code Napoléon n'a donc pas innové.

Quels sont ces cas où la caution peut agir avant d'avoir payé? L'article 2033 les énumère, nous allons les étudier successivement.

1° Lorsqu'elle est poursuivie en justice pour le paiement. — En droit romain, la poursuite contre le fidéjusseur ne suffisait pas pour lui permettre d'agir; il fallait qu'il eut été condamné. Pothier nous apprend que cette rigueur fut repoussée par notre ancienne pratique, d'après laquelle la caution pouvait, aussitôt qu'elle était poursuivie, assigner le débiteur principal comme son garant. La caution lui demandera donc qu'il paye sans délai le créancier, afin de faire cesser les poursuites dont elle est l'objet.

2° Lorsque le débiteur a fait faillite ou est en découfiture. — Nous pensons. sur ce point, que la loi n'exige pas une déconfiture totale, une ruine complète du débiteur. Quand celui-ci dilapide ses biens, de façon à faire craindre qu'il ne devienne bientôt insolvable, l'intérêt de la caution est suffisant pour qu'elle puisse agir. Quel sera le but de l'action? S'il y a faillite, la caution demandera à être colloquée au passif de la faillite, si le créancier ne s'y présente pas lui-même. En cas de déconfiture, l'action tendra à lui procurer un titre pour saisir les biens restants qui devront être affectés au paiement de la dette.

3° Lorsque le débiteur s'est obligé de lui rapporter sa décharge dans un certain temps. — Ce cas avait fait difficulté dans l'ancien droit, lorsque la dette était une rente constituée ; on disait que permettre à la caution d'agir c'était contraindre le débiteur à racheter la rente. Mais Dumoulin et Pothier répondaient que, s'il était de l'essence de la rente constituée, que le débiteur ne pût être contraint au rachat par le créancier, cela n'empêchait pas qu'il pût y être contraint par une autre personne (Dum. *De Usur.* q. 30; Poth. n° 441).

4° Lorsque la dette est devenue exigible par l'échéance du terme sous lequel elle avait été contractée. — Quand le terme est échu, il est probable que le créancier ne tardera pas à agir; il y a donc pour la caution une légitime crainte d'être poursuivie (Domat, *loc. cit.*) Elle est donc fondée à exiger que le débiteur principal acquitte la dette.

5° Au bout de dix années, lorsque l'obligation principale n'a pas de terme fixe déchéance, à moins que l'obligation principale, telle qu'une tutelle, ne soit pas de nature à pouvoir être éteinte avant un temps déterminé. — Les textes du droit romain contenaient une disposition analogue; ils permettaient au fidéjusseur d'agir, quand le débiteur principal était demeuré longtemps sans acquitter la dette, *si diu in solutione cessavit;* mais ils ne fixaient aucun délai. L'interprétation de ce *diu* donna dans notre ancienne jurisprudence matière à controverse (1).

Notre article fait une très-juste exception à la règle qu'il pose, pour le cas où la dette n'était pas de nature à pouvoir être éteinte avant un temps déterminé; la caution n'a pas à se plaindre, elle a dû savoir à quoi elle s'engageait. Au surplus, il serait impossible au débiteur de procurer à la caution sa décharge avant l'événement qui permettra d'éteindre l'obligation. Ainsi la caution d'un tuteur ne peut demander sa libération lors même que la tutelle dure depuis plus de dix ans; de même la caution du mari pour la restitution de la dot de sa femme. Elles devront attendre, l'une la fin de la tutelle, l'autre la dissolution du mariage ou la séparation de biens. Mais nous rentrons dans la règle, si l'obligation principale quoique d'une durée illimitée, était de nature à pouvoir être éteinte, par exemple une rente constituée. Cependant Dumoulin enseignait qu'à défaut de convention entre les parties, la caution ne pouvait contraindre le débiteur à rembourser la rente. Son opinion, suivie par la jurisprudence des parlements de

(1) D'après Pothier et Domat, *loc. cit.*, on ne devait pas fixer *à priori* ce délai, mais le déterminer suivant les circonstances.

Toulouse et de Grenoble était repoussée par Pothier qui appliquait à cette hypothèse la disposition de la loi 38, *mandati : Si diu in solutione cessavit.* Aujourd'hui la question ne peut faire aucun doute. On décide même (Merlin, rép. v° caution, § 4. — MM. Troplong n° 407 et Ponsot n° 272) que si, après l'expiration des dix ans, la caution rembourse spontanément le créancier, elle pourra répéter contre le débiteur la somme qu'elle a dépensée. Mais alors on devrait facilement accorder un délai à ce débiteur.

Les cas prévus par l'article 2032 sont-ils limitatifs ? Nous n'hésitons pas à nous prononcer pour l'affirmative. La loi a pris soin d'énumérer toutes les hypothèses où la caution peut agir avant d'avoir payé. Cela montre bien qu'elle a voulu faire cesser l'arbitraire qui régnait dans l'ancienne jurisprudence (1).

Il nous reste à examiner quelles cautions peuvent se prévaloir de cet article 2032. Il est légitime d'accorder cette faveur à toute caution, pourvu qu'elle n'ait pas cautionné la dette malgré le débiteur principal. Et comme il s'agit d'un droit qui naît des rapports existants entre le débiteur et la caution, on ne doit pas en exclure celle qui s'est obligée solidairement. Mais que décider pour la femme obligée solidairement

---

(1) Dans l'ancien droit, outre les cas que nous venons de citer, les auteurs permettaient à la caution d'agir dans beaucoup d'autres hypothèses, par exemple :

Si le débiteur ne payait point les intérêts et les laissait accumuler au principal ;

Si imicitiæ capitales intervenerint ;

Si la caution est obligée de faire un long voyage.

V. Domat, *loc. cit.*

avec son mari, laquelle, aux termes de l'article 1431, est réputée n'être que sa caution? Sur cette question la jurisprudence n'est pas bien fixée. Deux arrêts de la Cour de cassation (25 mars 1854; 2 janv. 1838) ont décidé qu'en principe la femme peut, avant d'avoir payé, agir contre son mari, dans les cas prévus par l'article 2032. Un autre arrêt de la Cour suprême (16 juillet 1832) refuse à la femme le droit d'agir en indemnité, lorsque des sûretés lui sont offertes pour le cas où elle serait plus tard obligée de payer. Cette doctrine ne nous satisfait pas complétement. La femme obligée solidairement avec son mari n'est réputée, à l'égard de celui-ci, s'être engagée que comme caution. Dès lors, on doit lui appliquer l'article 2032 qui est général et ne distingue pas si la caution a reçu ou non des offres de garantie (V. en ce sens, Paris, 25 août 1836).

Ce que nous disons de la caution, on doit le dire aussi de celui qui a hypothéqué son fonds à la dette. Il est bien vrai que ce tiers n'est pas une véritable caution; mais l'équité demande qu'on vienne au secour de celui qui s'oblige pour autrui, soit comme caution, soit autrement (1).

Ajoutons qu'on ne saurait accorder le bénéfice de notre article 2032, à celui qui a cautionné le débiteur malgré lui.

(1) M. Dalloz, qui avait d'abord soutenu la doctrine contraire, l'a abandonnée dans sa nouvelle édition. — V. dans le même sens, un arrêt de la Cour de Bruxelles du 2 avril 1849.

CHAPITRE TROISIÈME.

EFFETS DU CAUTIONNEMENT ENTRE LES COFIDÉJUSSEURS.

La caution qui a payé peut recourir non-seulement contre le débiteur principal, mais encore contre ses cofidéjusseurs. Ce recours contre les autres cautions existait, en droit romain, pour les *sponsores* et les *fide-promissores* en vertu de la loi Apuleia ; mais il était refusé aux fidéjusseurs, quand ils avaient omis de se faire céder les actions du créancier. Notre ancienne jurisprudence, moins rigoureuse, pensa qu'il était équitable de permettre à la caution qui a payé de recourir contre ses cofidéjusseurs ; car, après tout, la dette étant commune à toutes les cautions, elle a fait l'affaire des autres en les libérant ; et, si elle ne pouvait rien leur réclamer, ces cofidéjusseurs profiteraient à ses dépens de la libération qu'elle leur a procurée. On décidait donc qu'elle pourrait leur faire supporter leur part dans la dette (1), en intentant contre eux une action *negotiorum gestorum utilis*.

Ainsi la caution a un recours contre ses cofidéjusseurs, et ce recours résulte autant d'une gestion d'affaires que d'une subrogation aux droits du créancier. Mais, pour qu'elle puisse en user, il faut qu'elle ait acquitté la dette ; elle ne pourrait pas agir contre eux avant d'avoir payé, comme elle le pourrait contre le débiteur principal. Une autre condition est encore

(1) « Il aura recours vers les autres pleges pour leur portion, sans qu'il soit besoin d'avoir autre cession de créancier » (Cout. de Bret., art. 194).

requise, c'est qu'elle ait payé dans les cas prévus par l'article 2032, c'est-à-dire ayant juste sujet de le faire; et nous pensons qu'on doit lui accorder un recours dans toutes les hypothèses de cet article indistinctement; le rapport du tribun Chabot est formel en ce sens (V. Fenet, t. 15 p. 58).

Nous avons ici à étudier une question fort importante et qui a donné lieu à bien des controverses. La caution a-t-elle un recours contre le tiers détenteur d'une immeuble hypothéqué à la dette? Nous nous contenterons d'exposer le système qui nous paraît le meilleur, sauf à réfuter, à mesure que nous les remontrerons, les arguments du système opposé.

Posons une espèce. Pierre doit 10,000 fr. à Jacques et pour sûreté de la dette il lui a donné une caution. Pierre est poursuivi et condamné; une hypothèque judiciaire frappe tous ses biens; puis la caution paye; pourra-t-elle recourir contre le tiers acquéreur d'un des immeubles de Pierre? Nous nous rangeons du côté de l'affirmative.

La caution étant subrogée aux droits du créancier, se trouve par là même subrogée à son action hypothécaire contre le tiers détenteur. Cela est tellement vrai que, si le créancier avait donné main levée de l'hypothèque frappant l'immeuble, la caution se trouverait déchargée (art. 2037). S'il en est ainsi c'est bien évidemment parce qu'on lui a enlevé une sûreté à laquelle elle avait droit. Elle avait dû compter sur cette hypothèque; il est juste de la déclarer libérée quand la subrogation ne peut plus s'opérer à son profit par le fait ou la faute du créancier. Il devrait en être tout autrement si la caution ne succédait pas à l'action hypothécaire contre le tiers détenteur. Ajoutons que l'article 2037 est général et qu'il ne restreint pas sa disposition au cas où l'immeuble hypothéqué est entre les mains du débiteur.

A cet argument, on oppose l'article 2170 qui donne au tiers détenteur poursuivi le droit de renvoyer le créancier à discuter les immeubles hypothéqués à la dette, qui sont restés en la possession *du principal ou des principaux obligés ;* et on nous dit : La loi, en parlant des principaux obligés, entend évidemment parler du débiteur et des cautions ; car celles-ci sont, à l'égard du tiers détenteur, des obligés principaux. Si donc le tiers détenteur peut demander la discussion des biens hypothéqués à la dette qui se trouvent entre les mains de la caution, cela montre bien que, dans la pensée du législateur, le fardeau de la dette doit être exclusivement supporté par la caution, sauf son recours contre le débiteur. Par conséquent, nous dit-on, il n'est pas possible de s'appuyer sur l'article 2037 ; car la caution, en présence du droit consacré par l'article 2170, n'a pas pu compter sur l'action hypotécaire contre le tiers détenteur. Voilà l'objection ; il est facile de la résoudre. Mais signalons d'abord une légère inexactitude échappée à M. Troplong qui applique l'article 2170 au tiers détenteur d'un immeuble grevé d'une hypothèque spéciale. L'article 2171 dit expressément le contraire, le bénéfice de discussion n'appartient qu'au tiers détenteur d'un immeuble frappée d'une hypothèque générale. Plaçons-nous donc, comme nous l'avons fait à dessein en posant l'espèce, dans cette hypothèse la plus favorable à nos adversaires. D'abord, à notre avis, l'article 2170 ne donne pas au tiers détenteur le droit de faire discuter l'immeuble de la caution. La caution n'est qu'un obligé *accessoire*, et l'article parle des obligés *principaux*; ces expressions ont trait au cas où il y a plusieurs débiteurs solidaires ou plusieurs héritiers d'un même débiteur. Alors, bien que le créancier n'ait d'hypothèque générale que sur les biens de l'un d'eux, si l'autre vient à acquérir un de ces immeubles, le tiers détenteur poursuivi pourra faire discuter cet immeuble, quoique l'hypothèque qui le grève ne le frappe pas du chef de son possesseur actuel. Voilà, selon nous, le sens qu'il faut donner à l'article 2170. Et d'ailleurs, en admettant même l'autre interprétation, le bénéfice de discussion que le tiers détenteur pourrait opposer à la caution ne préjuge en rien la question du recours dont l'article ne s'occupe nullement.

Au reste, quelle raison y aurait-il de préférer le tiers détenteur à la caution et de faire supporter à celle-ci tout le fardeau de la dette? La raison en paraît évidente aux partisans du système que nous combattons: la caution, disent-ils, est obligée personnellement; le tiers détenteur n'est obligé que *propter rem*, et chacun sait que, de ces deux obligations, c'est la première qui est et doit être la plus rigoureuse. Cela est vrai: il est plus facile au tiers détenteur de se décharger de l'obligation; il peut en faisant la purge n'être tenu que jusqu'à concurrence de son prix. Mais pourquoi n'a-t-il pas usé de tous les moyens que lui offrait la loi? Est-ce à la caution à subir les résultats de son imprudence ? Et si l'on compare la situation respective du tiers détenteur et de la caution, on verra qu'au contraire ce serait celle-ci qui devrait être plus favorisée. La cau- s'est obligée par pur esprit de générosité, pour rendre service au débiteur. Il en est autrement du tiers détenteur. Est-il acquéreur à titre onéreux, il a voulu spéculer, et, dans tous les cas, il a été imprudent en payant avant d'avoir fait la purge. Est-ce un donateur, il y a encore moins de raison pour venir à son secours aux dépens de la caution.

Cela est peut-être encore plus évident quand il s'agit d'un tiers qui a hypothéqué son immeuble à la dette. Celui-là s'est bien véritablement obligé ; seulement son obligation n'est pas illimitée comme celle de la caution.

Mais nous sommes bien loin de vouloir la décharger complétement. La dette sera répartie entre eux. Et voici quelle doit être, selon nous, la base de cette répartition. Si la valeur de l'immeuble est égale ou supérieure au montant de la dette, la répartition se fera par portions viriles. Si elle est inférieure, le tiers détenteur supportera dans la dette une part proportionnelle à la valeur de l'immeuble, comparée au montant de la dette. Par exemple : l'immeuble vaut 50,000 fr. et la dette est de 200,000 fr. La caution devra supporter les trois quarts et le tiers détenteur le quart restant. Cela est très-juste, car ce dernier n'était tenu que jusqu'à concurrence de 50,000 fr. c'est-à-dire du quart de ce que devait la caution.

La caution qui a payé ne peut poursuivre ses cotidéjusseurs que pour leur part. Telle est la disposition de l'article 2033 ; elle est conforme à celle de l'article 1214 quand il s'agit de débiteurs solidaires. M. Toullier a soutenu qu'au moyen de la subrogation expresse, la caution pourrait avoir recours contre ses cofidéjusseurs pour le tout, sa part déduite. Cette opinion est directement contraire au texte de notre article ainsi qu'à son esprit.

S'il y avait plusieurs débiteurs solidaires et que chacun d'eux eût donné séparément une caution, nous croyons que celle de ces cautions qui payerait la dette pourrait recourir contre les autres. Elle a, en la libérant, fait leur affaire tout aussi bien que si elles s'étaient obligées par le même acte.

POSITIONS.

DROIT ROMAIN.

I. Il n'y a pas contradiction entre la loi 6, *De verb.
obl.*, et la loi 25, *De Fidej*, au *Digeste*.

II. Lorsque le fidéjusseur s'engage à payer plus que
le débiteur principal, son obligation est simplement réductible.

III. L'obligation fidéjussoire se trouve en principe
éteinte par la confusion opérée entre le fidéjusseur et le *reus*.

IV. L'exception *senatus-consulti Velleiani* appartient au
fidéjusseur, même quand il s'est obligé *animo
donandi*.

V. Le *nudum pactum* produit une obligation naturelle.

DROIT CIVIL.

I. Le bénéfice de discussion dont jouit la caution met
obstacle à la compensation, lorsque le créancier
est lui-même débiteur de la caution.

II. Le créancier peut poursuivre directement la caution sans avoir mis le débiteur en demeure de payer.

III. Si la caution nie sa qualité ou celle du débiteur principal, elle n'est pas pour cela déchue du droit d'opposer le bénéfice de discussion.

IV. Quand il y a plusieurs cautions, elles ne sont pas de plein droit tenues comme des débiteurs solidaires; par conséquent la poursuite intentée contre l'une n'interrompt pas la prescription à l'égard des autres.

V. La remise faite à la caution de façon à libérer le débiteur ne donne pas à la caution le droit d'exercer les actions du créancier.

VI La caution de l'un de plusieurs débiteurs solidaires ne peut recourir contre ceux qu'elle n'a pas cautionnés que pour leur part et portion.

VII. La caution qui a payé peut recourir contre le tiers détenteur d'un immeuble hypothéqué à la dette.

VIII. Entre eux on devra faire une répartition eu égard à la valeur de l'immeuble comparée au montant de la dette.

DROIT ADMINISTRATIF.

I. L'administration peut encore aujourd'hui réclamer aux propriétaires une indemnité pour la
plus-value résultant des travaux faits par elle.

II. La commune, qui prouve qu'elle a pris toutes les
mesures qui étaient en son pouvoir, à l'effet de
prévenir et de dissiper les rassemblements sé-
ditieux formés sur son territoire et d'en faire
connaître les auteurs, demeure déchargée de
toute responsabilité à raison des dommages
causés par ces rassemblements, soit que ceux
qui en faisaient partie fussent tous étrangers
à ladite commune, soit qu'il s'y fût trouvé
un certain nombre d'habitants de cette commune.

DROIT CRIMINEL.

I. La résistance à un acte illégal de l'autorité ne
constitue pas le délit de rébellion.

II. Le pardon accordé par le mari à la femme coupable d'adultère laisse le complice sous le coup
des poursuites commencées contre lui.

HISTOIRE DU DROIT.

La communauté de biens entre époux a son origine au moyen âge dans les communautés taisibles des gens de mainmorte.

Vu par le président de la thèse,
VUATRIN.

Vu par le doyen de la faculté,
C.-A. PELLAT.

Permis d'imprimer,
Le Vice-Recteur.
A. MOURIER.

Paris.— E. DONNAUD, Imprimeur de la Cour imp. et des Trib., rue Cassette,